JN070364

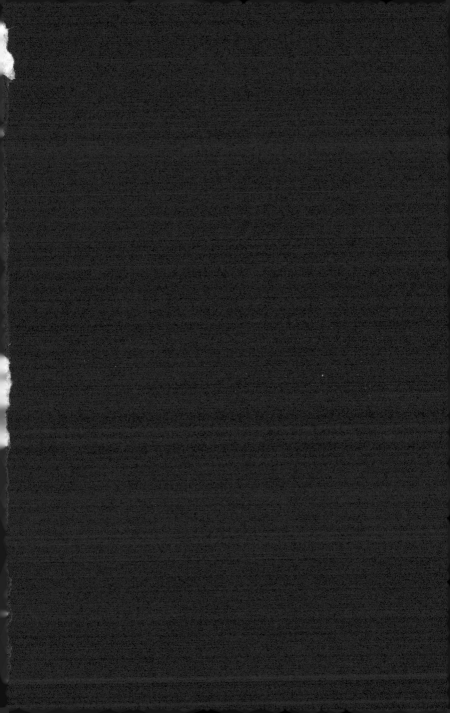

バタ足ノンデュアリティ❷

ノンデュアリティって、「心」のお話じゃないんですよ！

Q＆A
＋
実践講座

金森 将

ナチュラルスピリット

目次

みんなが思う。『あるある編』

ぜーんぶ「思考」のつくりもの。『私、つらいんです編』

少し息抜きしましょ。『おまけQ&A』

第2部
お教えします！『バタ足実践講座』

絶対的な安心に触れる。『静寂に気づく』

私たちは何一つやっていない。『全自動を実感する』

世界のすべてがここにある。『素晴らしき五感ワールド』

ちゃんと知るべし。『これが事実なり』

暴走列車をストップせよ！『突っ走る思考』

この本は、「本当の幸せ」を望む
すべてのみなさまに向けて書かれた本です。

中身は、ノンデュアリティ。
なじみがないという方もいらっしゃるかもしれません。

でも、だいじょうぶ。
肌で感じる風を「わかりません」という方はいないでしょう。
手のひらを見たら、手のひらがちゃんと目に映るでしょう。

そんなお話なんです。

ここで語られているのは、「本当の幸せ」についてのお話です。

でも、その中身は、
「心」のお話ではありません。

「体＝五感」の働きのお話なんです。

ゆっくりとページをめくってみてください。
その指の感触のなかに、
あなたが望んでいる「本当の幸せ」が隠れているんです。

ノンデュアリティは、とてもむずかしいもののように思われています。もしくは「とらえようのないもの」と。でも、ノンデュアリティは、そんなややこしいものじゃないんです。

「考え」じゃなくて「感じ」れば、「なーんだ、こんなことだったんだ」なんていうものなんです。

どうしたらこのことが伝わるだろうか、どうしたらもっと楽しんでもらえるだろうか、そんな思いから生まれたのが、前著『バタ足ノンデュアリティ　～ノンデュアリティって、徹底、日常生活のことなんですよ！～』です。

そして、二冊目となる本書は、前著からさらに一歩すすみ、Q＆Aと実践をとおして「感覚」の大切さをもっともっと知っていただきたいという思いから生まれました。

このなかで私がお話しししているのはとても単純なことばかりです。むずかしい「心」のお話は出てきません。とりとめのない夢の世界のようなお話も出てきません。壮大な宇宙のお話も出てきません。ただただ「体の感覚がすべてなんですよ」ということをくり返しくり返しお話ししています。

公園のブランコは、目があるから現れます。
風は、肌があるから現れます。
指を一本さし出せば、そのまんまの一本の指が見えます。
これが、まぎれもない「事実」なんです。
でも、たったそれだけのことが素晴らしいことなんです。
なぜなら、それが「真理」と一体になっていることの、何よりの証しだからです。

この本を手に取っていただいたおそらく多くのみなさんが、解決に至らない悩みを抱えたまま、さまざまな学びを重ねてこられたのではないかと思います。人によっては心理学、もしかしたら哲学などまでも。

それでも解決の糸口が見えないなかで、「これならば、もしかしたら……」と、すがるような思いで近づいてみたノンデュアリティからは、

「ノンデュアリティは、思考でとらえることはできません。頭で理解するものではありません」

「ええーっ、じゃあ、どうしたらいいの⁉」

「何もしなくていいんです」

「………」

などと突き放されて、戸惑ったり、イラついたりしておられるのではないでしょうか？


何十年にもわたって少しでも心が楽になることを求め、自分探しのようなものにとらわれ、自己などというものを探っていくうちになんだかよけいにさっぱりわからなくなってしまい、疲れきってしまわれた方々もたくさんいらっしゃいます。

それでもどうにかがんばって食らいついてきた方に対して、ノンデュアリティはつぎつぎに技をくり出し、容赦ない攻撃をしかけてきます。

まずは、軽いフットワークから、

シュシュッと、わけわからん言葉で目くらましジャブ！
つづけて、素早い動きから、
必殺！　あなたはすでに悟っているんですよパンチ！
さらに、
強烈！　すべては幻想なんですよキック！
そして、
とどめの決め技！　そもそもあなたは生まれてもいないし、死にもしないんですよ飛び蹴り！

こうして多くのみなさんがボコボコにされ、ズタズタにされ、息も絶え絶えになっていらっしゃるんです。

でも、ノンデュアリティで使われるこのようなつかみどころのない数々の言葉は「思考の側」からではなくて、「体の感覚の側」から見ていくと、じつはとてもシンプルなことを語っているんだということがわかってくるんです。ノンデュアリティは、「頭」

じゃないんです。ひたすら「感覚」なんです。

その「感覚」のつかみ方さえわかれば、ノンデュアリティは、するするっとひも解《と》けていくんです。

ノンデュアリティで使われる何ともつかみどころのない言葉を「頭」でわかろうとするのは、水泳でいったら、腕で水をとらえる感覚、足で水をキックして体がすーっとすすんでいく感覚を、「頭」だけでわかろうとするようなものなんです。どれだけ言葉を聞いたってわからないんです。どこまでいっても「想像の世界」なんです。

でも、実際にプールに飛び込んで、おもいっきり腕で水をかいて、足をバシャバシャやれば一発でわかるんです。そんなお話をしているのが、『バタ足ノンデュアリティ』なんです。

前著が「事実はこうなっているんですよ」という「要点、基本原則」をまとめたものだとすれば、本書は、「じゃあ、実際にはどんなふうにしていけばいいの?」という疑問にお答えした「応用・実践編」です。

第一部は、思考の世界にはまり、どうしていいかわからないまま置き去りにされた、たくさんのみなさまから寄せられたご質問にお答えするかたちですすめられていきます。

第二部では、感覚をみがくための〝お遊び〟をご用意させていただきました。「事実」のすごさ、「体の感覚」の驚くべき力を感じていただけるはずです。

いったんそれに触れ、その力を感じたら、あなたはもう「思考の世界」に戻りたいとは思わなくなるでしょう。

そのためには、どうしてもいったん「二元（＝思考・比較の世界）」から離れる必要があります。そうして「二元ではないもの」がくっきりと見えてきたとき、そこに「二元」をも飲み込んだ「二元ではないもの」があることをあなたは知るでしょう。

ややこしいですね。でも、〝感じれば〟わかるんです。「事実」は理屈ぬきなんです。ほんとにスッキリしているんです。

前著同様、むずかしい言葉やぼんやりとした言葉をできるだけ使わずに、ノンデュアリティ初心者の方にも楽しんでいただけるように書いたつもりです。

本書が、「本当の幸せ」を望むすべてのみなさま、ノンデュアリティに触れてみたいと望むみなさま、ノンデュアリティをもっと感じてみたいと思っておられるみなさまの少しでもお役に立てたら、著者としてこれほどうれしいことはありません。

これからたくさん出てくるさまざまな質問の答えに、同じような主旨の話がたびたび出てくるケースに出会うでしょう。それは、その出現回数に比例して重要度の高いことなのだと思ってください。そこで言われていることを実感できるようになることが大事になってきます。

ただし、わかろう、実感しようとがんばることはしないでください。今からはじまるのは、「学び」ではありません。「なーんだ、そんなことか」を見つける〝お遊び〟なんです。どうぞゆったりと読みすすめていかれてください。

どれだけの言葉を尽くしても、最終的には「静寂に戻る」ということ以外にありません。いつでもそこに戻れるようになることであり、できるならば、そこに少しでもとどまっていられるようになることです。

それにはどうしても「静寂」というものをかすかにでも実感しておく必要があるんです。この本に書かれていることは、すべてそのためのものだと思ってください。

まずは「五感」をとおして、あなたのなかに映し出されるさまざまな変化を楽しんでください。それがすべてを教えてくれるんです。

それでは、ぼちぼちはじめてまいりましょっか。

第一部『バタ足Q＆A』です。盛りだくさんでいきますよー！

第1部

お答えします！『バタ足Q&A』

まずはここから。

基本編

それでは、『基本編』のスタートです。これだけは押さえておきたい重要度の高いクエスチョンからはじめてまいりましょう。まずは、なんといってもこれでしょう。

質問 1

そもそもノンデュアリティって？

ちょっと長くなりますけど、基礎中の基礎ですので、がんばって聞いてくださいね。まずはじめに、まだノンデュアリティをよくご存じない方のために申し上げておきますと、ノンデュアリティは、何かの法則みたいなものとか、人生をうまくいかせる方法などではありません。人生の問題を解決するための具体的な手立てを指し示すようなものでもありません。

二元ではないこんな世界があるんですよー、こんなふうになっているんですよー、感じてみてねー、と語っているだけなんです。

私たちは通常、二元の世界に生きていて、たいていの人はそうじゃない世界のことを知りません。そんなものがあることさえ知らないのがふつうでしょう。二元の世界とは、私たちがふつう「現実」と思っている世界のことです。

でも、じつはそれは現実じゃないんですよー、夢のようなものなんですよー、ゲームのようなものなんですよー、そこに本当の幸せはないんですよー、本当の幸せは〝二元ではない世界〟にあるんですよー、と語っているのがノンデュアリティなんです。

なんの拍子か、どういうわけかそれを知るに至った者が、自分が見てきた〝言葉にならないもの〟をなんとかみなさんにわかってもらおうと、あれこれ工夫をしながらお話をしているわけです。

そんななかで、必ずといっていいほど顔を出すのが、「ノンデュアリティは〝理解するものではない」という言葉ですね。

こんなふうにも言われます。

「ノンデュアリティとは言葉を超えたものである。言葉の先にあるものである」と。ここでたいていの人は、「ひえーっ！　なんじゃ、そりゃ！　こりゃ降参だわ」となるわけです。

これね、なんだかむずかしいことのように聞こえますけど、じつはとても簡単なことを言っているんです。

あなたは牛乳を飲んで、その味を「理解」しようとしたりなんてしないですよね。そんなことをしなくてもわかりますもんね。「たしかに牛乳だ」と。小さなこどもだってわかることです。

ところが、この味を言葉で言い表そうとしたらえらいことになるんです。といいますか、絶対にできないんです。やってみてください。冷たいとか生ぬるいとかじゃないですよ。甘いでもありません。「甘い」を表現してみてください。できないんです。言葉ではどうにもならないんです。

でも、体はそれを、完璧に、あますところなくとらえているんです。寸分の違いもなくとらえているんです。一パーセントのズレもなくとらえているんです。

お友だちと川の土手で楽しむ夏の打ち上げ花火を、目や耳や体はあますところなく、すべてを完璧にとらえています。でも、どうやったって言葉ですべてを表現することなんてできないんです。


風をただ風のままに感じること。

言葉に置き換えたりしない。

感じっぱなし。

これがノンデュアリティの感覚なんです。これが「理解するものじゃない」の意味です。簡単なことを言っているんです。


同じように、よく言われる「ノンデュアリティは〝教え〟や〝思想〟ではない」というのもこれでおわかりいただけるでしょう。風をただ風のままに感じること、牛乳をただ牛乳だと感じることを〝教え〟や〝思想〟とは言いませんものね。そういうことです。

では、もう少しだけ踏み込んでいきましょう。わかりにくい部分もあるかと思います。わからないところはさらっと読み流していただいてだいじょうぶです。「そういうものがあるのね」とだけ知っておけばじゅうぶんですから。

まず、ノンデュアリティの世界そのものについてざっくりと言いますと、

ひたすら静寂、何もない世界です。実際には、静かであることさえわからない、何もないことさえわからない世界です。

私はこれを、お話の内容によって、「全体」とか「静寂」と表現しています。

この世界は、〝比較〟というものがいっさい存在しない世界です。上も下も、右も左も、長いも短いも、軽いも重いも、明るいも暗いも、成功も失敗も、貧しいも豊かも、苦しいも楽しいも、善も悪も、いっさいの判断も何もありません。もちろん、他人もいません。だれ一人として存在していません。熟睡したときの状態と同じだと思っていただければけっこうです。気絶した状態ともいえます。

当然ながら、自分が誰であるかなんていうこともわかりません。そもそも、自分が生きているのか死んでいるのかさえわかりません。ましてや、自分の仕事が何であるとか、「今、私、恋をしているの」とか、「ああ、お金がなーい！」とか、「自分はなんて不幸なんだ」とか、「私ってなんて恵まれているのかしら！」なんていうことがあるわけがないんです。なんにもないんです。なんにも起きない世界なんです。

ですので、もし何かのきっかけで、この世界を経験したとしても、「何もないことを経験する」というなんともおかしなことが起きるわけです。

何のまちがいか、そのおかしなことを私は経験しました。

私はケーキ店を経営していて、仕事の中心はケーキをつくること。いつもどおり、夜明け前のまだ暗い道を仕事場に向かって歩いていました。五分ほどの道のりです。はっとして気づくと、今歩いていたはずのまっすぐな二〇〇メートルほどの記憶が飛んでいました。考えごとに夢中になっていたという感覚とはあきらかに違いました。どう思い出そうとしても歩いた記憶が出てきません。けれども、このときは、寝ぼけていたのだろうぐらいに思い、取り立てていうほどのことでもないと、それ以上は考えませんでした。

けれども、これで終わりではありませんでした。毎朝の仕込み作業で、一回一〇分程度の作業を何度もくり返すのですが、ふと気がつくと、そのうちの二回が知らないうちに終わっていました。どうやってもそのあいだの記憶が出てこない。かろうじて、目の前で作業だけが粛々とおこなわれていたようにも思えたのですが、それもたしかではありませんでした。

まったくの空白でした。

そりゃそうです。「何もない」を経験したんですから、「何もない」んです。経験などと言えるようなものではありません。いったい何が起きたの？　という思いもありましたが、やるべき作業はまだまだたくさん残っており、作業に没頭しているうちに忘れていきました。

そのあと二日ほど何の変わりもなく過ぎていったものですから、私もとくに気にとめていませんでした。

変化が起きたのは三日が過ぎてからでした。現在、こうして本に書いたり、みなさんにお話ししているような内容のことが、とぎれのない波のように襲ってきたのです。

さきほども言いましたが、ノンデュアリティの世界は、ひたすら静寂、何もない世界です。実際には、静かであることさえわからない、何もないことさえわからない世界です。

この世界は私たちが知りえない世界です。ここを語り出すと、あやふやなつかみどころのないお話になっていきます。『バタ足ノンデュアリティ』は、そこに行きません。ここは私たちの手のおよばない世界であり、ここからすべてが現れるということ、そして、これに触れていくことで〝本当の幸せ〟が見えてくるという「たしかなこと」だけとつきあっていきます。

この静寂の世界となかよくなっていくためには、ひたすら「体の感覚」という「事実」とつき合っていくことが必要なんですよ、というお話をしているわけです。しつこいほどに（笑）。

それは、とても単純な理由からなんです。

私たちの日常にいつも現れる、私たちがいつも触れている「事実」が、ノンデュアリティ（＝全体）の分身であるからなんです。言ってみれば、「事実」に触れることが、そのままノンデュアリティに触れることなんです。

そして、

この「事実」にいつも触れていて、ぴったり一致して活動しているのが、私たちの「体」なんです。この「体の感覚」だけが「リアル」であり、世界のすべてであり、私たちにすべてを教えてくれる存在なんです。

だから、私は「体、からだ、カラダだよー！」と言いつづけているわけです。

この「事実」としっかりつきあっていくことで、私たちが現実だと思い込んでいる世界じゃない、別の世界があることを知るんです。そして、ここにこそ、私たちが求めている本当の幸せがあることに気づくんです。そのときに、ノンデュアリティというものの素晴らしさ、あたたかさを感じるんです。

じゃあ、その「事実」とつきあっていくっていうのはどうしたらいいの？　ということになってくるわけですけれども、むずかしく考えることは何もありません。カフェラテを飲んでカフェラテの味を感じること、立っているときに、足の裏が地面を感じること、座っているときに、お尻が椅子の感触を感じること、それが「事実」とつきあっていくということです。これがノンデュアリティに触れることなんです。

「体」はいつもノンデュアリティと完璧に一体になって活動しています。

目を向けたら、向けた方の景色が勝手に見えてくる。後ろの景色が見えたりはしません。音が勝手に聞こえてきます。自分が何もしなくても勝手に聞こえてきていることを感じてください。においも同じです。かごうとしなくても勝手に入ってきます。気がついたら風を感じています。

すべて向こうからやってきます。これがノンデュアリティと一体になっているということなんです。

「体の感覚」を感じていくことで、すべてが見えてきます。

ほかにすることなんて何もありません。ただこれだけ。

感じる、感じる、感じる——。

知識や言葉ではありません。砂というものを知らない赤ちゃんにどれだけ言葉を尽くしても、わからせることなんて絶対にできません。でも、海に連れて行って砂に触れさせせれば、説明なんていらないんです。

早朝の山に登って山頂で浴びる朝陽のすばらしさを言葉で言い表せるはずなんてありません。でも、実際に体験すれば、それですべてがわかるんです。言葉に置き換える必要なんてないんです。感覚だけ。それだけが「リアル」なこと。それがノンデュアリティなんです。

わらび餅を食べてわらび餅の味がする、これがまさにノンデュアリティなんです。あつあつのギョーザを口いっぱいにほおばって、「ハフハフ、あちちち、うんめー」って、これがもうそのまんまノンデュアリティの感覚なんです。びっくりするほど単純なんです。

でも、これはどうやったって言葉でなど表現できません。肉汁をどうやって言葉にしますか？　お酢としょうゆとラー油のたれの味をどうやって表現しますか？　辛い？　なるほど、でも、辛いってどういう味？　酸っぱいってどういう味？　絶対にむりなんです。

でも、「体」はそれを何一つ逃すことなく完璧にとらえているんです。「感覚」がすべてを教えてくれます。

もう少しくわしくお話ししましょう。

要するに、「体」が感じている感覚を〝正しく〟知るということなんです。「体」をとおして感じるものだけが「リアル」なんです。

ここでいう〝正しく〟というのは、「体」は徹底して受け身の存在であって、現れたことをそのまんまに受け取っていることを知るということなんです。

私たちが気づく前に、すでに受け取ってしまっているんです。

ここがポイントです。

何かが見えた。これは、「見えた」と気づく前に、もう見えちゃっているんです。目はとっくにとらえています。音も同じです。私たちが音に気づく前に、耳はとっくに聞き取っているんです。それを知っていただきたいんです。受け取りたくなくても、もうすでに受け取っちゃっているんです。「事実」はそうなっているんです。

これを実感するには、最初のうちは、やはり「観察」が必要になります。でも「ああ、ほんとにそうなっているんだなあ」ということが感覚的にわかってくると、自然に「観察」から離れていきます。そうなってきたら、「事実」とほんとになかよしになってきた証拠です。そして、「観察」は消えるんです。

また、これまで嫌っていた「事実と思っていたもの」が、嫌っていたのは思考がからみついた「事実」とは言えないものだったことにも気づくでしょう。「事実」は、私たちの都合や思惑がからんだ「状況」ではないんです。見かけ上のいろいろな事情で「苦しいんですー！」というようなそれは「事実」ではありません。「思考の産物」です。

"生《なま》の事実"に、嫌だなんていうものはくっつきようがないんです。

これが腹に落ちてくると、ノンデュアリティでよく言われているような「時間はない」とか「距離はない」とか「今この瞬間しか存在しない」とか「あなたのなかに世界がある」とか「自分がいるとかいない」といったことも自然に感覚としてわかってくるんです。わかろう、わかろうとしなくても、実感としてすっとわかってくるんです。

忘れないでいただきたいことは、ぜーんぶ向こうからやってくる（やってきちゃう）っていうことなんです。ですから、「事実」を追っかけまわす必要なんてありません。捜しまわる必要なんてありません。いつも向こうから勝手に入ってきちゃいますから。

それをただ「ああ、そうなってるのね」って感じることです。

向こうから勝手にやってくる「事実」とゆったりゆったりつき合ってみてください。いろいろなことが自然と見えてきますから。


大事なのは知識や言葉じゃなくて、「事実」と向き合っていくことなんです。


もう一つとても大事なことをお話ししちゃいましょう。

じつは「感覚」がとらえた瞬間と、気づくあいだに一瞬のタイムラグがあるんです。見えただけで、見えたモノの名前もそれがなんだかわからない瞬間があるんです。これが「本当の事実」。たとえば空を見上げたときに、青い空が広がっていたとします。

このとき、それを「空」だとも「青い」とも思い浮かんでいない、つまり、思考が働き出す前の瞬間があるんです。これが生まれたばかりの赤ちゃんが世界を見たときの感覚なんです。これがノンデュアリティど真ん中の感覚なんです。この「本当の事実」はつねに起きていることであり、これをいつも感じることができればいいのですが、ふつうはできません。ですので、この少しあとの感覚、「ああ、青い空だなあ」と思うだけの、よけいなものがくっついていない「事実」とつきあっていくんです。

このような感覚に目を向けていこうとするときに、むずかしい知識はいらないですよね。ややこしい理屈はいらないですよね。

じゃあ、「知識」はまったく必要ないのかというと、そういうことではありません。だって何か新しいことを知るって楽しいことじゃないですか。楽しさを楽しさとして味わうのは賛成です。

でも、「知識」そのものを〝追いかける〟ことには賛成できません。弊害になってしまうことが多いからです。一番の弊害は、迷路に入っていってしまうことでしょう。

知識を追いかけることには、「これでよし」という終わりがありません。「わからない」や「わかりたーい！」は底なしなんです。ずーっと「もっとわかりたーい！」が現れてくるんです。

そして、「知識」というものは、必ず矛盾にぶつかるんです。その整合性をとるために別の知識をひたすら追い求めることにもなったりして、ますます迷いのなかに入っていきます。苦しみのなかに自分から飛び込んでいくようなものなんです。

でも、知識が「楽しみ」という一面とは別に、大切な面もあります。知識がないことでよけいなまわり道をしてしまうことがあるんです。

私の体験談をお話ししましょう。それは現在のような状態になる半年ほど前のことでした。

当時の私は自分の店を持ち、人に縛られることなく自分のペースで仕事ができて、まあ、それなりに楽しくもあり、とりあえず生きていくのに困ってはいないという状況。でも私はつねに「もっと上、もっと上」と目指していました。そして、それが思うようにいかず、行き詰ったままの停滞状態が長いことつづいていたのです。

そんななかで、ある日、素晴らしい一瞥《いちべつ》体験らしきものをしました。すべてが自分であるというか、すべてに自分の居場所があるみたいな感覚でした。見るもの見るものがすべて「自分」でした。あとになって、これは捨て去っていいのだとわかりましたが、このときは、何か特別なことが自分に起きたのだと思いました。

もともと私は悟りのようなものにはまったく興味がありませんでした。そんなものは自分とは関係のないことだと思っていましたから。というか、そういうことについて考えもしませんでした。

当時、私は少しだけ禅を学んでいて、「心を整えて静かに暮らすのだ」と、テレビを見ないようにしたり、体に負担のない食事を心がけてみたり、執着から離れようとしてみたり、瞑想にはまったりはしていましたが、中身的には、ほぼ願望実現一本槍《やり》のような感じだったこともあって、まあ、本で読んだことのあるようなこんな体験をしたのだから、これから何かすばらしいことがつぎつぎに起きるのではないだろうかという期待が私のなかで膨らんだのです。店の売上が増えるとか、おもしろい企画の話が舞い込んでくるとか、思いもしなかったラッキーなことが起きるとか。

しかし、待てど暮らせどそんなことが起きるということもなく、何かが変わる気配みたいなものもないなかで、ずーっと前から何か行き詰った停滞状態みたいなものに嫌気がさしていたこともあったりして、ある日、プツンと切れたんです。「もう、いいわ」と。

そして、禅のお勉強も、「心を整えるのだ」みたいな過ごし方も、瞑想も、自己啓発も、願望実現も、ぜーんぶやめました。言ってみればひとつのあきらめなんですけれども、不思議なことになんとも言えない清々《すがすが》しさがあったんです。「はあー、清々《せいせい》したわ」といった感じ。それからは、毎晩お笑いを見ながらビールを飲み、好きな映画を観まくって、昼間はまじめに一生懸命仕事をしていこうと。ふつうのおじさんです。そんな生活をはじめてしばらくしたころでした。

自分のある異変に気づきます。頭のなかに大きな疑問符が現れていました。それは、

「もしかして、行動が先に起きちゃってる？　自分がそこにかかわっていない？」という感覚でした。特定の行動が、ではありません。日常のあらゆることが、でした。信号待ちで信号をぼんやり眺めているのも、青になって歩き出すのも、ふと思いついてスマホをポケットから取り出すのも、また歩き出すのも、道端のたんぽぽにふと目がいくのも、何もかもが、自分なしで運ばれているような気がしてならない。

はっきりと確信していたわけではありません。「もしかしたら、先に起きちゃってるのでは？」という弱ーい感覚。その一方で、「まさかね」という考えがわきあがります。

そう思うのも当然でしょう。だって、行動が先に勝手に起きていて、そこに自分がかかわっていなくて、なんてことがあるわけがないじゃないか。だったらいったい誰がやってるっていうんだ？　そんな感覚でした。

ところが、「うーん、やっぱり先に起きてる……」という感覚がまた頭をもたげてくる。そんなことのくり返しでした。

この当時、まだ私はノンデュアリティというものについて、ほとんどと言っていいくらい何も知りませんでした。以前、外国人覚者の本を開いてみたこともありました。でも、読んだのは一〇ページほどだったでしょうか。わけのわからない言葉の連続に、まったくのお手上げでした。それと、この世界は現実ではない、みたいなことが、どうにも。

長いあいだ成功法則や願望実現、自己啓発ばかり熱心にやってきた私には、まったく理解不能なものだったのです。さきほども言ったように、そのころ禅を学びはじめてはいましたが、私が興味を持っていたのは、もっぱら「煩悩」や「戒律」「八正道《はっしょうどう》」といった類。ノンデュアリティと関係の深い「空」だとか「無」だとかは、まったく別世界のお話でした。悟りみたいなものは自分とは関係のないものだと思っていましたから、興味そのものがありませんでした。

そんな私だったため、ノンデュアリティではおそらく誰でもが知っている、いわゆる「私の不在」や「行為だけがある」や「すべてが自動で起きている」といったことなどまったく知らなかったのです。

ですから、「自分がやっていない」という感覚は、ただ気持ちがわるいだけのものでした。厚い雲がかかったままのようなモヤモヤした日がつづいたのでした。

たまたま私は、いろいろなことを知るに至りましたけれども、あの「どうも行動が先に起きているらしい……」という妙な感覚は、もし私に多少でもノンデュアリティの知識があったら、「あ、これのことを言っているのかな？」と思えたわけです。半年間もモヤモヤせずに済んだわけです。おそらく、それを楽しんでいたことでしょう。

「知識」は、実際にその体験をしたときに、それを見逃さずに気づくためのものなんです。前もって知っておけば見逃さずに済むわけです。よけいなことで悩んだりせずに済むわけです。

「知識」とはこのようなものです。たとえば、今、目の前にハワイ島の、観光客があまり行かない山の中らしき一枚の写真があったとします。見たところ、なんでもない小さな丘が写っているだけ。でもじつはそこは、あのカメハメハ大王が若いころ、ある女性に恋心を打ち明けた場所だったとしましょう。

その写真を知らなかったら、もしそこの近くをとおったとしても、気づきもせずにとおりすぎてしまうでしょう。でも、知っていれば、「あ、ここ知ってる！」と気づけるわけです。だから、知っておくことは大事なことでもあるんです。

けれども、多くの人がその写真をまじまじと見つめ、分析したり、理解しようとしはじめます。くわしく知ろうとします。くわしく知ればそこに行けるに違いないと勘違いして。

それはないですよね。写真を見ただけで行けるわけがありません。すると今度は、この写真だけではだめなんだと考え、その場所の写真が載っていそうな別の本を見つけてくるんです。そして、また見つめる、分析する、理解しようとする。それでもだめで、また別の本と渡り歩くわけです。

たしかにいろいろな角度からの写真を見ておくことで、「あ、ここだ！」と気づけるチャンスは広がります。見逃してしまうことも少なくなるでしょう。ですから、それがまったく無駄だということではありません。

でも、その写真そのものがそこに連れて行ってくれるわけではないんです。「ふうーん、そういう場所があるのね」と一度インプットしたら、もう忘れていいんです。ごちゃごちゃ考えたりする必要なんてありません。

ハワイ島のその場所に行きたいのなら、やることは、写真を分析することではありません。いろんな写真を見ることではありません。まずは何はともあれ飛行機のチケットを取って、成田空港まで行って、搭乗手続きをして、という実際の〝行動〟が必要なんです。

それが、このお勉強でいえば、いつも身のまわりにあるノンデュアリティの感覚、つまり「体の感覚」を味わうということなんです。

知識は「そこ」に行くためのものではありません。「その近く」に行ったときに、見逃さないためのものなんです。「その近く」に行ってはじめて役に立つものなんです。ですから、そういう意味で本を読むのはとても大切なことです。

でも、一度それを知ったら、スーツケースに入れて、もう忘れてしまっていいんです。

いろんなものを持たないことが、「自由」につながることなんです。「知識」だって荷物の一つなんです。そのときの用が済んだら手放してしまった方がいいんです。

質問
2

ノンデュアリティでは、よく「私はいない」という話が出てきますが、自分がいないとはどういうことなのでしょうか？

ノンデュアリティの感覚のなかでも最大の難関みたいに思われていますけど、ものすごく単純なことなんです。

「自分」について「考える」からそう思うだけなんです。

考えていないときは「自分はいない」んです。
考えるから「自分がいる」んです。それだけのお話です。

考えなくていいことなんです。

「自分」と言われるものは、ただの「思考」です。「あ、あいつに電話すんの忘れてた」とか「ああ、お腹がへったなあ」なんていう思考となんの変りもないんですよ。ポコッと現れたそのときだけの思考なんです。それをわざわざつかまえて、「自分」とか「自己」なんていう名前をくっつけて、ああだこうだとこねくりまわす必要なんてないんです。放っておけば、すぐに消えていくものなんですから。

それを、「ああ、また『お腹がへった』が現れやがった。こいつが私のなかにいるかぎり、真実は見えてこないのだ！」なんていったらおかしいでしょ？

探求のようなものをはじめてから「自分」なんていうものを知って、その扱いに困っているんです。ほんとは「ない」のに。

朝起きて、歯をみがくまでに、〝自分が〟起きた、〝自分が〟洗面所にいる、〝自分が〟歯ブラシを手に取った、〝自分が〟歯をみがいている、そんなふうに考えましたか？

あなたは自分などいないままに、歯をみがいています。自分などいないままにちゃんとお仕事をしています。自分などいないままにちゃんとお風呂に入っています。真剣にチャーハンを炒めているときに、自分なんてどこにも見つかりません。それでも、チャーハンはちゃんとできあがります。

電車にもバスにも自転車にも、自分などいないままに乗っていますよ。私たちは、ずーっとそのようにしてすごしているんです。

〝自分〟なんていないままにすごしているんです。現れる〝自分らしきもの〟は、「あ、急にホットドッグが食べたくなった」なんていう一つの思考なんです。ポコッと現れるだけなんです。

「自分って、何なんでしょうか？」と聞かれることがあります。答えはシンプルです。「思考」です。考えると出てくるもの。考えなければ出てこないものです。

あなたは、思考の世界じゃない世界のことを知りたいと思っているんじゃないんですか？　だったら「思考」のかたまりみたいなものについて、わざわざ考える必要はないんです。よけいなことをするのはやめて、ゆっくりしましょう。

要するに「放っておく」ことなんです。「いない」っていうことがピンとこなくてもいいんです。「いる」っていう考えが出てきてもいいんです。それがわるいことじゃないんです。大事なのは、「自分らしきもの」についての「思考」を放っておくこと、かまわないということなんです。

ただ、ほんとは最初から「ない」んだよ、ということだけは知っておいてくださいね、というお話です。

質問
3

「全体」と一つになるというのがよくわかりません。そもそも「全体」って？

「全体」は、あらゆる現象の「たね」を抱え持っていて、何の意思もなく、それを現すべきときに、現すべくかたちで現します。それを私たちは瞬間瞬間の「事実」として受け取っているんです。私たちはわずかにでもこれをコントロールすることはできません。

では、この「全体」と一つになるというのが、どういうことかというと、これは何も特別なことではありません。私たちは、生まれてからずっと「全体」と一つになってすごしてきています。一つじゃなかったことなんて、一瞬たりともないんです。

商店街を歩いていて、うなぎ屋さんの前を通ったら、蒲焼《かば》きのにおいがあなたのなかに広がりました。蒲焼きのにおいは、あなたの鼻があってはじめて存在できるんです。あなたの鼻が蒲焼きのにおいをとらえていないとき、蒲焼きのにおいは存在できないんです。蒲焼きのにおいは、それ単独では存在ができないんです。一〇〇パーセントにおったまんまに鼻がとらえています。蒲焼きのにおいと鼻がとらえた感覚は、完璧に同じなんです。ぴったり同じなんです。ぴったり重なっているんです。一パーセントのズレもないんです。これが「一つである」ということなんです。

見たもの、聞いたもの、味わったもの、肌が感じたもの、ぜんぶ同じです。その瞬間、寸分のズレもなくぴったり一つになるんです。

音が聞こえているっていうこと、それ自体がもう「全体」と一つになっているっていうことなんです。夕陽に染まる空を見たとき、それ自体がもう「全体」と一つになっ

ているっていうことなんです。寸分の違いもなく、ぴったり重なっているんです。

ところが、残念ながら、この「一つになった」っていうことを、私たちはそのときに知ることができないんです。

たとえばこどものころ、自分は「若い」なんて思わなかったでしょ？「若さ」と「一つ」だったからなんです。「若さ」から離れたときに、「若さ」っていうものを知るんです。

おとなになってからこどものころを振り返ったときに、「いつもわくわくしていたなあ」なんて思ったりするんですけど、こどものときには、自分がわくわくしているなんていうことは思っていなかったんです。わくわくと「一つ」になっていたからなんです。

「一つ」になっているとき、それは消えるんです。

同じように、「私たちはいつも全体と一つなんだよ」っていくら言われてもわからないのは、いつも「一つ」だからなんですよ。「一つ」である感覚を味わえないからなんです。

私たちは生まれてからずっと「全体」と一つになってすごしてきているんです。「一つ」だということに気づかないままに生きているんです。それが正しいことなんです。「一つになった」っていうのはわからなくていいんです。

ですから、これを追っかけることはまちがいなんです。見つかるわけがありませんから。

じゃあ、「全体」と一つになったことは絶対にわからないのかっていうと、そうじゃないんです。じつは、わかるときがあるんです。ただし、わかるのは「頭」じゃなくて、「体」なんです。「体」が私たちに「今、一つになってるよ」って教えてくれるんです。

それが、ふだんのなんでもない景色に、突然、涙がこみあげてくることだったり、雲が雲のまんまに見えたときに、じんとしたりすることなんです。根拠のない〝軽さ〟となって現れたりするんです（私が言うこのような〝軽さ〟は、ウキウキするといった心の動きではなくて、パワーがあふれて実際に体が動きたがっているという感覚を言っています）。

もう一つ説明しておきますと、「一つになる」というのを、自分が「全体」に広がっていくというか、自分の方から溶けていくというふうに想像されている方が多いかもしれませんけども、

実際は、「全体」の方からこっちにやってくる感覚なんです。

この「全体」というのは、つぎつぎに現れてくる「事実」のことです。「事実」は「全体」の分身です。それを踏まえてお聞きください。

たとえば、スーパーに買い物に行ったとき、自転車置き場で、「ギャーギャー」と駄々をこねるこどもの泣き声が聞こえてきたら、その「ギャーギャー」が「事実」なんですけども、これは、あなたが聞こうと思う必要もなく、勝手に聞こえてきて、その瞬

間、あなたのなかを「ギャーギャー」一色にします。あなたが何かの働きかけをすることもなく勝手に入ってくるんです。「事実」は、つねにそうなっています。「全体」が私たちの方にいつも入り込んでくるんです。私たちは、生まれてからずーっとそうやって過ごしてきているんです。

目を開けたら、有無を言わさず、そこの景色が入ってきます。ものを食べたら、勝手に味がします。ぜんぶ向こうからやってきます。ぜーんぶ勝手に入ってくるんです。私たちは徹底的に受け身なんです。

それをただ「ああ、そうなってるのね」って感じることが、「事実」を知ることなんです。そして、それが「全体」がこっちに入り込んできたっていうことなんです。これが「全体」と一つになったっていうことなんです。大事なことは、そのとき、音が完璧に聞こえている、モノが完璧に見えているということなんです。

言ってみれば当たり前のことなので、「一つ」になるなんていうのは、頭で考えたら、まあ、おもしろくもなんともないことなんです。

ところが、モノが完璧に見えているのを、「ああ、完璧に見えてるなあ」とふっと感じたとき、涙がじわっと出てきたりするんです。なぜなら、「体」はこれを「おもしろくないこと」だなんて感じていないからなんです。素晴らしいことだっていうことをちゃんと知っているんです。

質問 4

すべてが「対象」ではないというのはどういうことでしょうか？

これ、めちゃめちゃ大事ですからねー。できればきっちり押さえてくださいねー。学校の教師なら絶対にこう言います。「ここ、試験に出るぞー！」これ、マジックワードらしいですね。おしゃべりばっかりしていた生徒が静かになってノートを取り出すんだって。わかりますよね。

さて、あらゆる現象は、五感の活動の結果として映し出されたようすです。すべてのものが、外側にある「対象」じゃなくて、あなたのなかに存在するものなんです。

今、あなたの前に一つの消しゴムがあるとします。

あなたの視線が消しゴムに送られたときに、それが跳ね返ってきてあなたのなかに映ります。そのときにはじめて消しゴムは存在できるんです。消しゴムは消しゴム単独で存在することができません。

わかりにくい？　じゃあ、これならどう？

消しゴムは、それがあなたの目の感覚によってあなたのなかに映し出されたときにはじめて、あなたは、「消しゴムがある」と認識します。目がとらえていなかったら、あなたのなかに消しゴムは存在しません。消しゴムは、あなたの視覚と「対《つい》」でないと、存在できないんです。

きっと消しゴムは存在しているのでしょう。けれども、それを立証する手立てがないんです。それが現れるのは、五感が感じ取った感覚でしかないからです。

わからない以上、消しゴム自体のあるなしは関係がありません。言ってみればどうでもいいんです。感覚がとらえたか、とらえていないか、それがすべてなんです。あなたの五感が認識したもの〝だけ〟が、あなたのなかに映るんです。

このあなたのなかに映り込んだ映像は、あなたのなかにあるのであって、「あなたの外側の対象物」ではないんです。

自分の外側にモノがある、ってずっと思い込んで生きてきたものですから、突然こんなことを言われても、最初はどうしてもピンとこないわけです。

消しゴムに触れた感覚だってあなたのなかにあります。消しゴムという物体は、「対象」ではないんです。あなたの手の感覚の現れにすぎないんです。

世界のすべてのものがそうなんです。感覚、つまり、五感の活動の現れとして、あなたのなかに世界のすべてが存在しているんです。あらゆるものが五感によって現れた「現象」であって、「対象物」ではないんです。

公園のブランコは、あなたのなかに映った映像です。ブランコという「対象物」があるのではありません。あなたのなかの映像なんです。風はあなたの肌が感じ、あなたのなかに浮かびあがった感触です。風という「対象物」があるのではないんです。あなたのなかの「印象」なんです。

質問 5

「時間はない」ということがよく言われますが、実際、目の前で時計はすすみます。人は成長し、本を読むのにも時間はかかります。「時間はない」ってどういうことなんですか？

もちろん時間そのものはちゃんとありますよ。その経過のなかで、私たちは病気になったり、新しい命に出会ったり、愛する人との別れを経験します。そして、自分の体の死を迎えます。私たちが「体」というものを持って生まれてきた以上、避けられないことです。これらは時間の経過のなかで起こります。

では、何をもって「時間はない」というのか。

それは、どれだけの時間が存在していようと、私たちは〝今この瞬間〟しかじかに触れられないということです。一秒前に戻ってモノに触れることはできません。今より一秒先にすすんで「おーい」と人に声をかけることはできないんです。道を歩いていたとしましょう。一〇秒前にあそこにいたあなたはどこにいるでしょうか？　いませんね。この瞬間にしかあなたは存在していません。

私たちは、今この瞬間にしかいられないんです。いつも今この瞬間、今この瞬間なんです。ずーっとこの瞬間なんです。

電車に乗って、友人の家に遊びに行きました。四〇分ほどかかりました。けれども、あなたが経験したのは、歩いているその瞬間、電車に乗っているその瞬間、改札をとおったその瞬間、友人宅の玄関のチャイムを鳴らしたその瞬間、それだけなんです。どこまで行っても、その瞬間だけなんです。

今あなたはこの本を読んでいます。三〇分読みつづけているのではありません。それは、「記憶」がそのような勘違いを引き起こしているだけです。「事実」は今このページを読んでいる瞬間しかないんです。

よおーく見ていくと、実際に体感として感じられる時間というものは存在しませんよ、という意味です。

けれども、私たちはふたつの点を持ち出してきて、並べて、比べて、時間の経過を感じます。あそこからここまで歩いた。「あそこにいた」のは記憶のなかだけです。二〇年前の自分のアップ写真と、鏡に映った現在の顔を比べます。「しわが増えたわねー」と。そこに時間の経過を頭のなかにつくり出します。「頭のなかに」です。「事実」は、「今の顔」が映っているだけなんです。

時間は思考のなかにしかないんです。記憶によってつくられているんです。

ざっくりとこんなふうにも言えます。「体」を物体としてとらえたとき、時間は現れ、今この瞬間の「感覚」としてとらえたとき、時間は消えるんです。

質問
6

継続した長い時間はないということはなんとなくわかったような気もするんですけど、この瞬間しかない、というのがまだいまいちピンときません。

オーケー。では、あなたは今、夕飯の買い物のために近所のスーパーに向かって歩いているとしましょう。

スマホのメモ帳の買い物リストを確認しようとしたら、突然、一匹の猫が道路を横切ろうと飛び出すのを目にしました。すぐ近くに車が猛スピードで近づいてきます！　思わず目をそらすあなた。こわごわ目を開けると、なにごともなく車は去っていました。ホッと胸をなでおろしたとき、あなたは肩をポンポンとたたかれました。振り返ると、仲のいいママ友のゆみさんがニコニコ顔で立っていました。しばし話に花を咲かせ、バイバイ。そして、歩き出すと、自転車に乗ったおやじがあなたの腕にぶつかって黙って去っていきました。カーッとするあなた。

さて、一匹の猫が飛び出したのを目にしたとき、スマホの買い物リストを見ているときのあなたはもう存在していませんでした。肩をポンポンとたたかれたとき、さっき飛び出した猫を見たあなたは存在していませんでした。自転車のおやじがあなたの手にぶつかったとき、ママ友のゆみさんと話していたあなたは存在していませんでした。過ぎたことはきれいさっぱり消えていくんです。

未来は言うまでもないでしょう。猫が無事だったとわかったつぎの瞬間にゆみさんが現れることなど、あなたのなかにあったわけがありません。ゆみさんとバイバイした瞬間に、自転車のおやじがぶつかってくることなど、どこにも存在していなかったはずです。

その瞬間その瞬間が現れていて、前の瞬間がどこにも見あたらないんです。持ち越されていないんです。その瞬間の先は、ブチ切れていて何もない。そして、その瞬間が終わったら、つぎの瞬間が現れてくるんです。

今、例にあげたような印象の強い目立つできごとだけじゃないんです。つねにこのようにして瞬間瞬間が現れては消えているんです。

手をあげたら、手をあげていなかったときのあなたはどこにも存在していません。葉っぱが風にゆれた瞬間なんて、私たちはふだん気にもとめませんね。でも、その直前のゆれていない葉っぱは消えて、ゆれた葉っぱが現れているんです。

前の瞬間が完全に消えて、つぎの瞬間が現れているんです。そして、つぎの瞬間は、まだそこには現れていないんです。

これがこの瞬間だけしかないということなんです。頭はそれをぜんぶつなげて、ずっとつづいているみたいに勘違いしているんです。

これは理解やイメージではありません。実際に感じられることです。過ぎた瞬間はもうどこにないことを実感してください。一瞬先はどこにもないことを実感してください。

視線を移したら、今見ていたものが消え、移した視線の先にあるものだけが見えます。だからくっきり見えるんです。事実はそうなっています。ところが、「頭」は前に見た〝もう見えていない〟はずのものを残していて、今見えているものを曇らせてしまうんです。「事実」とだけ向き合っていれば、「思考」のもやもやした雲が消えて、景色が鮮やかに見えるんです。音がはっきり聞こえてくるんです。あらゆるものがクリアに感じられるんです。それが本来の私たちの生きているようすなんです。

はじめてそれを実感できたとき、あなたはその映像や音の鮮明さに感動するでしょう。

質問 7

ノンデュアリティでは、「距離がない」ということをよく聞きますが、どうもよくわかりません。実際に計れば三〇センチとか三メートルとかあるわけだし……。

物理的に距離がないとかそういうことではありません。

今、あなたと私が対面しているとしましょう。あなたの目の感覚が私をとらえ、あなたのなかに私の映像が映り込みます。あなたのなかに私が現れているんです。私はあなたのなかにそのまんま存在するわけですから、距離が「ゼロ」だということを言っています。それだけのことなんです。

メジャーで測れば、あなたと私のあいだには八〇センチとか二メートルとかの距離はあります。でも、「事実」は、私はあなたのなかに映った映像なんです。あなたの外側に現れているんじゃないんです。だから距離はないんです。

「すべてのものごとは、あなたのなかに映った〝印象〟にすぎない」という絶対的な「事実」から見ると、距離は「ゼロ」なんです。

私の声だって、あなたの耳の感覚によって、あなたのなかで鳴っているんです。あなたのなかで鳴ったときにはじめて私の声が現れるんです。私の声だけが単独で存在することはできません。あなたの耳にとらえられたときにはじめて存在できるんです。

私の声があるのは、あなたのなかなんです。だから、距離は「ゼロ」。はるか上空でゴロゴロと鳴る雷の音も、実際は、あなたの耳がとらえ、あなたのなかで鳴っています。距離は「ゼロ」なんです。

世界のあらゆるものが、「対象」ではなくて、あなたの五感の活動の現れです。あなたのなかにすべてが現れています。距離などないんです。

質問 8

すべてがその瞬間その瞬間の現れだというのがイマイチわかりません。たとえば、目の前にある冷蔵庫が瞬間、瞬間に現れているとは思えないんですけど……。

実際に物体がその瞬間その瞬間に現れているのではありませんよ。物理のむずかしいお話などでは、もしかしたらそうなのかもしれませんけれど、今お話ししているノンデュアリティのこと、つまり、自分が生きているようすを知ることとは関係のないことです。

冷蔵庫がそこに見えているのなら、冷蔵庫はきっとそこにあるのでしょう。あなたかまたはご家族の誰かがお金を払って、業者さんがそこに運んでくれたのでしょう。それが瞬間その瞬間に現れているのではありません。ガレージにある車が、実際に現れたり消えたりするわけじゃありません。そんなテレポーテーションみたいなお話じゃありません（笑）。むずかしいお話じゃないんです。

実際には、冷蔵庫がそこにあるのかどうか、本当のところはわかりません。言ってしまえば、あってもなくてもいいんです。

私たちの五感がどうとらえているかだけの問題なんです。

たとえば、「見えている」という感覚です。目がとらえた冷蔵庫の映像があなたのなかに映り込んでいます。その現れが「瞬間、瞬間」だと言っているだけです。

目をつぶれば冷蔵庫は消えます。目を開ければまたそこに現れます。すべてのことがそうなんです。冷蔵庫から目を離して、ソファに目を移せば、ソファがその瞬間にまちがいなくあなたのなかに現れます。窓の外に目を移せば、空が現れる、雲が現れる、太陽が現れる、隣の家の壁が現れるかもしれません。その瞬間にあなたの目が何を見たか、そのことを言っているだけなんです。これが、「すべてがその瞬間その瞬間の現れ」ということです。

何か物音が聞こえた。その瞬間のできごとです。そしてまたつぎの瞬間に、別の音が聞こえます。

ぜーんぶあなたの五感の活動のことを言っているんです。完璧に、その瞬間その瞬間に現れては消えていくんです。「事実」はそんなふうになっているんです。それが完璧におこなわれているんです。その完璧な「事実」を、あますところなくとらえているのが、私たちの「体」なんです。しかも、それを私たちが関知せずにぜんぶ自動でやってくれるんです。そのしくみといったら、もう奇跡としか言いようがないんです。ふつうに歩いていることだけでも、もう奇跡のようなことなんです。

質問 9

ただ起きるべきことが起きていて、本当に私たちには、何も変えられないのでしょうか？

私たちは生まれたときからずーっと、自分では何もコントロールなんてできないまんま生きてきているんです。どうしてコントロールができないのかと言えば、すべてのことが完璧にそろえられた結果、そのように現れたことだからです。

「いやいや、自分で選んで生きてきましたよ」と思いますよね。違います。私たちはまったく何も選んでなんかいないんですよ。何一つコントロールなんてしていません。

例をあげて見てみましょう。この話を聞いたときに、「それはわかりました、でも、私には挑戦したいことがあるのでやってみたいと思います」っていう反応が現れるのか、「どうせ、どうにもならないんですよね……」っていう反応が現れるのか、その反応が自分ではコントロールができないということなんです。あなたはその選択を自分でしているように思うかもしれませんけれども、実際にはいっさいかかわっていないっていうことなんです。そもそも、こういう話を聞こうとすることでさえ、あなたは何一つかかわっていないんです。

それを選ぶようにすべての条件が整えられているので、どうやってもほかの選択をすることができないんです。そのようにして私たちはずーっと生きてきているんです。

この「何も変えられない」というのは、「もう完璧すぎて変えようがない」という意味です。

そこには、何も変えなくていいという安心感があるんです。これを実感できたとき、「ああ、ほんとにもうがんばらなくていいんだ……」という安堵感みたいなものがじんわりわいてくるんです。

とくに願望実現や自己啓発に取り組んでこられて、苦しんでこられた人、疲れてしまった人にとっては、心が休まる大きな要因になるでしょう。

一方で、つねに現れるべき選択が、現れるべくして現れてくるわけですから、もしあなたが何かをやってみようと、ふと思ったのなら、そう現れるべくしてそれが現れたわけですから、その先に何かがあるということなんです。ただしそれは、私たちが考えるような成功とか失敗なんていうレベルの話ではないことはおぼえておいてください。その現れに〝私たちの都合〟は考慮されたりしませんから。私たちの考えのおよばない世界から、考えのおよばないことが現れてくるんです。

それを知った上で、あなたのなかにわきあがった衝動、やってみようと思い立ったことがあるなら、少し勇気がいるかもしれませんけど、どんどんやってみたらいいと私はいつも言っています。そのまんまにすすめばいいんです。やっぱりやめようと思うのも自由。私たちはもともと自由なんです。誰かから押しつけられた制限はないんです。

質問 10

今、ここにあるもの、見えているものしか存在しないというのなら、私の家もないということになりますけど？ 私の家族も？ 会社も？ ぜんぶ？

はい、そうです。ぜんぶまるごと存在しません。

「お家がある」というのは、あなたの記憶にすぎません。ご家族も、ご友人も、ご両親も、今ここにいなければ、あなたが思い浮かべないかぎり、あなたの世界に存在することはできません。あなたにとって、あなたの世界にないものは、「ない」んです。それがすべてです。

あなたの感覚がとらえていることがあなたの世界のすべてなんです。あなたが思い浮かべていないとき、それらは存在のしようがありません。あなたが眠ってしまえば、あなたの世界はきれいさっぱり跡形もなく消えます。

「でも、家族はちゃんと生きているし、いますよ」とみなさんおっしゃいます。「どこにいますか？」と私が聞きますと、「家とか学校とか」とおっしゃいます。これは、記憶や想像にすぎません。あなたの頭のなかにいるだけです。それを思い浮かべたときだけ、ご家族のみなさんはあなたのなかに現れるんです。あなたが思い浮かべていないとき、ご家族のみなさんは存在していません。

会社だって、見えていないとき、思い浮かべていないとき、存在のしようがないんです。

ここで一つ言える大事なことがあります。

このつながりをたくさん持っている人ほど、それによって縛られるということです。つねに家族とつながり、つねに会社とつながり、つねに欲しいものとつながり、つねに嫌な人や会いたくない人とつながっている人は、それに比例して自由じゃなくなります。

じつはこのつながりのほとんどが、「思考」のなかで起こっていることなんです。目の前にはないのにつながっているんです。これに加え、つねに過去の思い出や後悔とつながり、つねに「あした、何々をしなくちゃ」なんていう未来とつながっていたら、もうガチガチで身動きがとれません。「自由」どころのお話じゃなくなります。

つまり、自分から「思考のなか」につながりにいき、自分で自由じゃなくなっているんです。

おわかりでしょうか、「思考」を放っておくことの効用が。

「思考」との距離ができればできるほど「自由」になれるということなんです。

質問 11

自分なしで行動が起きているって、どういうこと？

考えてもしょうがないので、実際にやってみましょうか。

私が現在のような状態になる半年ほど前、自分の感覚にちょっとした異変があって、自分のあらゆる行動が「もしかしたら、自分は何もやってない？」という、当時は気持ちわるいとしか思えない感覚に包まれていた時期がありました。そのときにふと思いついて、ほんとに自分がそれをやっていないのか、どうなのかをたしかめたいと思ってやりはじめたことでした。

ここでは、メガネをかける動作を取りあげます。自分の動作を細かく分解していきます。読みながらイメージしてみてくださいね。

デスクの上にあるメガネを取るために、まず右手を持ち上げます。

その右手の指を少し広げながら、メガネの近くまで運びます。

親指と人さし指を、レンズ部分に触れないようにブリッジ部分に近づけていきます。

両指にほんの少しだけ力を加えて、メガネのブリッジ部分をつかんで持ち上げます。

メガネの向きを変えながら引き寄せていきます。

そこへ左手を近づけ、親指と人さし指で片方のテンプルをそっと広げます。

つぎに右手の指をブリッジからテンプルに握り替え、左手と同じようにテンプルをそっと広げます。

両手のタイミングを合わせて、メガネを顔に近づけていきます。

そしてテンプルを軽く広げるようにしながら、両耳のほんの少し上のあたりに差し込むように……。


もっといくらでも細かく描写できますけれども、ここではこの程度にしておきましょう。そして、この一連の動作を振り返ってみます。

「自分」というものがどこかにいて、こんなことをいちいち考えながらやっているか？　右手を伸ばして、ブリッジ部分をそっとつかんで、などと。

いや、やっていないんです。「体」が勝手にやっているんです。「自分」などどこにもかかわっていないんです。

当時、なんだかよくわからないままにいろいろ見ていくと、自転車に乗ったり、本を読んだり、お風呂に入ったり、体を洗ったり、頭を洗ったり、あらゆることが考えるより先に勝手に動いていたんです。

これは、慣れた行動だけではありませんでした。不思議なことに、はじめて行く駅、はじめて乗る電車、そんなケースでもまったく同じように、「体」が自動であらゆることをやっていたんです。もちろんそこに「自分」などというものは、かけらもありませんでした。

ただ、このときはまだはっきりとした確信はなくて、「どう見ても自分でやっていない感じだけど、でも、そんなことがあるわけないよな」という、頼りなーい感覚でした。それでも、「やっていないらしい」という感じから離れられなかったのは、そこに何か「しーん」とした静けさのようなものをかすかに感じていたからでした。もちろん頭のなかは、はてなマークでいっぱいでしたけれど。

じつは、この「自分なしですべてが運ばれていくようす」が、静寂そのものなんです。行動をつくり出しているおおもとはいつも「しーん」としているんです。

そのことを薄っすら感じていたんだと、あとから思いました。

あなたも、ひまなときにでも、自分の動作を見てみてください。なかなかおもしろいですよ。もしかしたら、一瞬でも「静寂」を感じる瞬間に出会ったら、〝めっけもん〟です。もっといろいろ試してみたくなりますよ。ぜひ。

質問
12

「すべての出来事は自分に向かって起きているのではない」というのが、どうにもわからないのですが。

多くのみなさんがつまずくところです。そりゃそうです。これが実感としてわかったら、ほとんどの問題はなくなりますから。ですから、あせらずにゆっくりやっていきましょう。

ただ、中身的にはとても単純なことなんです。

道路工事の騒音、電車の音、玄関のチャイム、ラインの着信音。自分に向かって現れていますか？　違いますよね。

風が吹いてきました。雨が降ってきました。太陽が顔を出しました。これ、自分に向かって現れているでしょうか？　自分のために現れているでしょうか？　自分を苦しめようとして現れているでしょうか？　違いますね。

でも、農家の人で雨が降らない日がつづいて困っていたら、太陽が顔を出すことは、自分に向かって現れていて、自分を苦しめていると感じます。

自分に向かって現れていると感じるのは、「自分の都合」で考えたときになることなんです。

もう少し感覚的なお話をしましょうか。こんなお話はどうでしょう。

はるかむかしの記憶になる人も多いかもしれませんが、車の免許を取って、はじめて高速道路を走ったときのことを思い出してみてください。

ドキドキしていたでしょうか？　わくわくしていたでしょうか？「怖ーい！」だったでしょうか？　エンジン音が聞こえていて、窓を開けたらブオーッという音とともに風が車内を駆けめぐっていくのをどんなふうに感じていましたか？　景色が後ろに飛ぶように流れていくのをどんなふうに感じていましたか？

「自分に向かって起きている」なんて思ってはいなかったはずです。すべてが、ただそのように起き、それを感じていただけ。そこに〝自分〟は現れていないんです。

それを「頭」であれこれ考えたときに、

「これは誰に起こっている？」

「自分に、決まってるだろ」

となるんです。

「事実」は、景色が流れ飛んでいくのを感じている「自分」なんていうものはいないんです。「感じている」という感覚がそこに現れているだけなんです。

自分なんてどこにもなくて、ただ「感覚」だけがある。あらゆることがそうなっているんです。

ところが、多くの人が「自分に現れたんじゃないのに、どうしてそんなふうに感じるの？」って「考える」んです。「感じる自分がいないはずなんだから」と「考える」んですね。

申し訳ないんですけど、頭で「考える」からそうなるんです。

そこに行かないことです。必要ありません。「感覚」がすべてで、「感覚」が〝終点〟なんです。そこで終えるんです。そこから先に行かない。だって、そこから先は、「考え」の領域ですから。想像の領域ですから。

おいしいホットケーキを食べたとします。「おーいしぃー！」ってなりますね。それを、「ホットケーキの厚さがこれくらいで、バターの乳脂肪分がどうの、メープルシロップの糖度と粘度がどうでこうで……」そして、「これは、〝私〟が感じた味なのだろうか？」なんて考える人はいません。ただ「おーいしぃー！」なんです。

純粋に「感覚」と向き合ったとき、「私に向かって起きている」なんていうものはどこにも現れていないんです。

「考えた」から現れただけなんです。「考えなければ」現れないんです。

では、あなたに向かって話しかけている人がいたとします。これも自分に向かって起きているんじゃない？

はい、あなたに向かって起きていません。そのような映像や声がそこに現れているだけなんです。「感覚」だけがそこにあるんです。「事実」はそのようになっています。「考え」に流れていかない。「感覚」で終わりにしておくこと。そこが大事なんです。それが、まさにノンデュアリティの感覚なんですから。

質問 13

自分と目の前の人が、ぴったり一致しているというのは、どういうことなのでしょうか？

あなたと私がカフェでお話をしているとします。

あなたのなかに現れている私は、あなたと別個に「単独で」存在しているのではありません。

どういうことかと言いますと、

私という存在は、あなたが自覚することによってのみ、あなたのなかに現れます。あなたの自覚なしに、私は現れようがありません。そして、あなたの自覚が消えると、私は消えるんです。

あなたが目で私を確認したときに、私が現れ、目を閉じたときに私は消えるということです。実際には、耳、鼻、肌の感覚なども同時に働いています。

では、離れた場所にいたらどうなるでしょう？

それも同じです。私という存在は、あなたが思い浮かべたときにのみ存在することができます。要は、「自覚」なんです。自覚が現れれば、私が現れ、自覚が消えれば私は消えます。目の前にいようといまいと同じです。

つまり、あなたのなかに映る私は、あなたの「自覚」という活動とぴったり一致して、現れたり消えたりしているんです。また、私の動きとぴったり同じ映像があなたのなかに寸分違わずに現れます。あなたの五感の活動と私はぴったり同じなんです。

人だけではありません。あなたの世界に映るすべては、あなたの活動によってのみ存在しています。

あなたは、あらゆるものとぴったり一致しているんです。

もちろん、それが現れているのがあなたのなかなんですから、そこに距離もあるわけがありません。あなたのなかにすべてがあります。

質問

14

「今この瞬間にある」感覚を具体的に教えていただけますか？

今、目の前で起きている「事実」に触れていくだけです。つぎからつぎに現れていることと、なんとなーくつき合っていく感覚です。

ああ、雲がながれてるなあ……。

車が走っていくなあ……。

葉っぱがゆれてるなあ……。

すずめの鳴き声が聞こえてるなあ……。

かゆい！　あ、蚊にさされた。

こんなことが延々とつづいていくんです。とぎれることなく。

ものごとが向こうから勝手に、いつも目の前に現れてきます。自分がなんにもしなくても、それを目や耳や鼻や肌がキャッチしてきて、それがどんどん変化していくので、それをなんとなーく、感じるでもなく感じているような感覚です。要するに目、耳、鼻、舌、体の感覚にとどまっているということです。

それがおもしろくなってくると、わざわざ過去に飛んでいって、いろいろなものを引っぱり出してきたり、未来のことを見つけて、あれこれする必要もないんですね。ただそこにいるだけ。そして、そこにいることで、やるべきことが勝手に現れてきます。それに従っていくだけ。起きるべきことが起きるように起きていきます。やりたいことが現れたら、現れたまんまにやればいい。

私たちは、どうやったって今にしかいられません。今以外にはいられないんです。味わいっぱなしのはずなんです。

今、読んでいるこの文字、文章が勝手に目に飛び込んできていることを感じてください。それが**「今」**です。

本を手に持っているのなら、勝手に現れている本の感覚、重さを感じてください。それが**「今」**です。

本から目を離して、天井を見てください。天井の映像が目に映っていますね？　それが**「今」**です。

耳が何かの音をとらえていませんか？　それが**「今」**です。

何かのにおいがしていませんか？　それが**「今」**です。

「体の感覚」は、いつも**「今」**だけと向き合っているんです。そのうちに、しーんとした「静寂」を感じる瞬間に出会うでしょう。それは、**「今」**とより強くつながったしるしです。


さて、ここでちょっとお遊びをしましょう。

一二行前から四行前までのカギかっこつきの**七つの「今」**を、「ノンデュアリティ」に入れ替えて読んでみてください。

「事実」に入れ替えてみてください。

「全体（の現れ）」に入れ替えてみてください。

「大いなる自己」にしたっていいんです。

「真理」にしたっていいんです。

ぜーんぶ「今」なんです。

ここで言える大事なことは、

これらは、いつもそこにあるもので、どこかに探しにいくようなものじゃないということ。そして何より、私たちを「自由」にしてくれるものなんです。

＊　＊　＊

バタ足Q&A『基本編』、いかがでしたでしょうか？

たくさんいただくご質問のなかでも、まずはこれだけは押さえておいていただきたい大前提のようなものをピックアップしました。みなさんのこれからの学びにとても重要な鍵になってきます。でも、まだよくわからなければ、今はそのまんまでだいじょうぶです。一番よくないのは、わからないからと言ってあれこれ考えはじめてしまうことなんです。「どういうことなんだろう?」「こんなときはどうなんだろう?」考えないでください。「考える」くらいなら、ぜんぶ忘れてしまった方がずっといい。

このあと、多くのみなさんが同じようにぶつかる疑問や悩みについてのご質問を取りあげてまいります。

Q&A『あるある編』、はじめてまいりましょう。

みんなが思う。

あるある編

質問 15

楽しく生きていきたくて、いろいろやってきましたが、どれもうまくいかず、ノンデュアリティにたどり着きました。アドバイスをください。

まず最初にお伝えしたいことは、ノンデュアリティは、あなたのお悩みに合わせて何か特別な「お薬」を処方するような性質のものではありませんからねー、ということ。「現実と思っていることは現実じゃないんですよー、事実はこんなふうになってますよー」というようなことをさまざまな表現で語っているものなんです。問題などに直面しているときに、「ああしなさい、こうしなさい」というようなことをお話しするような性質のものではありません。「あなたは、そういうふうにとらえているけど、事実はそんなふうにはなっていませんよ」とお伝えするものなんです。それが一つ。

それと、もう一つお伝えしたい大事なことは、ノンデュアリティを「心の学び」のようなものとはとらえないでくださいねー、ということです。心のなかに入っていけばどんどん迷路にはまってしまいます。

ノンデュアリティは、徹底的に「事実」と向き合うことなんです。それはただただ「体の感覚」なんです。五感です。徹底して自分の生きているようすを見つめることなんです。

心が苦しくて心の平安を探しているっていうのに、なんでそんなことで楽になるのかって思われますよね。「手のひらを見なさい」とか、「ソファに座っているお尻の感覚を感じなさい」ってどういうことなの？　って思う人もいますよね。

とても単純なことですので、さらっとお話ししますね。

心が苦しいっていうのは、「思考」なんです。「不安や深刻さ」も「思考」。自分で自分を不幸にし、まわりも不幸にする「判断」も「思考」。

「思考」は「思考」を呼ぶんです。「思考」がどんどん集まってくるんです。どんどん思考する人になっていくんです。どんどん判断する人になっていくんです。どんどん不安な人になっていくんです。どんどん深刻な人になっていくんです。

もうおわかりでしょう。

「事実」は「事実」を呼ぶんです。「事実」がどんどん集まってくるんです。どんどん「事実」を知る人になっていくんです。小っちゃな「事実」が、大きな「事実」を呼ぶんです。手のひらを見ているときに、手の甲は見えないということを深く実感すると、手のひらを見ていなかった自分は、もうどこにも存在していないっていう「事実」がやってくるんです。「その瞬間しかない」っていう「事実」がやってくるんです。

「心が苦しい」って感じているのは、じつは、そのような「思考」が現れているだけなんだよ、ほんとはそこに何も起きてないんだよっていう「事実」がやってくるんです。そのうちに、「自分なんてどこにもいないよ」っていう「事実」が、ドーンとやってくるんです。

「事実」は、「思考」っていう〝不良〟たちがたむろしていると、怖がって近づいてこないんです。〝よい子〟の「事実」ばっかりが集まって楽しそうにしていると、「あたしも仲間に入れてー！」ってほかの〝よい子〟たちも集まってくるわけです。だから、「事実」である「体の感覚」とおつきあいしていきましょうね、ということなんです。

ノンデュアリティは、これまであなたがいろいろ学んでこられたものとは、大きく違う点がたくさんあると思います。以前の知識をいったんどこかにしまって、新しく入ってくるものに耳を傾けてください。そして、ゆっくりゆっくり消化していってください。

あるとき、縛りのようなものからふっと解放されるのを感じることがあるでしょう。それが「自由」への入り口です。ようこそ、いらっしゃい。ここが「自由」への切符を販売している窓口です。ノンデュアリティ旅行社へようこそ！

質問 16

セッションを受けたり、本を読んだときなど、そのときは気持ちが軽くなったり、気づきがあったように感じても、すぐにもとに戻ってしまうのですが？

これ、とても大事なポイントです。しっかり押さえてくださいね。「ここ、試験に出るぞー！」ポイントです。

セッションなどで話を聞いているうちに、「なんだか軽くなってきた」「問題が問題でなくなったみたいな」などと感じたとしても、それが実際に自分の目や耳、体がとらえた感覚から生まれ出た気づきでないかぎり、それは、

〝見かけだけの軽さ〟なんです。「実感」がともなっていない〝気づきらしきもの〟なんです。

話を聞いての〝一時的な反応〟であって、きちんと消化されて、なかからわきあがってきたものじゃないんです。ですから時間とともに薄れたり、きれいさっぱり消えてしまうのは、ある意味、当然のことなんです。何かちょっとしたできごとが現れてもすぐに吹き飛んでしまいます。

大事なのは、「あら、あたし、軽くなったかもしれないわ」「ちょっとちょっと、私、気づいちゃったかもしれない！」という、そこじゃないんです。それを知っておいてほしいんです。「五感」から来た感覚でなければ、どうしたってすぐに消えていきます。

そのときに、がっかりしたりしないでほしいんです。そういうものなんですから。

そして、さらに言うと、そうじゃない〝消えない軽さ〟はそれとは別の場所にあるんです。そこからもうちょっとだけ踏み込んだところにあるんです。

大事なことは、「体＝五感」で起きていることが「今、起きていること」だということなんです。

では、話を聞いて「あら、あたし、軽くなったかもしれないわ」が現れたとき、「体」では何が起きているのでしょうか。


じつは「体」では、何も起きていないんです。「体」、つまり「五感」で起きていないことは、「事実」ではないんです。


つまり、何か気づきらしいものが現れたとしても、「事実」では何も起きていないということがわかるんです。

このことに気づくことが、本当の〝軽さ〟を生むんです。

おかしなことに聞こえるかもしれませんけれど、この「何も起きていない」という「事実」の上に、さまざまなことが現れてくるんです。まさに夢のように。それを私たちは現実だと思い込み、いつも振りまわされているんです。

「何も起きていない」が腹の底にドーンと腰をすえたとき、ふわふわした〝軽さ〟ではない、何が起きてもだいじょうぶという、本当の〝軽さ〟が現れてくるんです。五感に由来する、見かけのものではない〝実感のともなった気づき〟です。これは決して消えることがないんです。これが私たちに「自由」であることを感じさせてくれるんです。

そして、これはたいてい、とても静かに姿を現します。温泉旅館でお風呂からあがってきたら、豪華な夕食がテーブルの上に用意されていたときのような高揚感ではありません。朝食の前に、温泉近くの砂浜を散歩していて、その静かな海に「ああ、静かだなあ……」と思わずつぶやくような、そんな何でもないできごとのように現れるんです。それが静かなまま、決してゆらぐことなく、ずっとそこにあるんです。

今はおそらくピンとこないでしょう。でも安心してください。なぜなら、「体」はそれをよおーく知っているからです。「体」は正しく聞けば、正しく答えてくれます。ちょっとした実践で、これを実感することができます。第二部の一番はじめでそれをご紹介していますので、あとでいっしょにやっていきましょう。

質問 17

ものごとが「すべて完璧に起きている」とか「満たされている」ということがどうしてもわかりません。毎日が「こんなことが完璧だなんて思えない！」ということの連続です。

たしかに、たしかに。いろいろつらいときは、とくにそう思いますよね。

でもね、「完璧＝私たちの都合上での素晴らしい」ということではないんです。

変わりようがない、それしかあり得ないという意味での完璧さです。私たちが考え

る「自分の都合」を基準に考えた「完璧」ではないんです。

あらゆるものごとが、私たちの手がおよばないまま、ただ現れるべくしてそのように現れます。

坂道にボールを置けば、転がります。急な坂なら、急な坂のように転がります。途中、石ころにぶつかれば、そのように反応します。水たまりに入れば、そのように反応します。風が吹けば、そのように反応します。突然、小学生が自転車で飛び出してきて、ボールに当たったら、そのように反応します。すべてが完璧に現れます。

私たちの選択ももちろん例外ではありません。生まれてからずっと重ねられてきた数億なのか、数兆か数百兆なのかわかりませんけれど、数えきれないほどの複雑な原因がからみ合った結果が、今この瞬間の選択となって現れます。一歳のときに、おむつを取り替えてもらった時間が一分違っただけで、七〇歳のときにする選択が変わってくるんです。それほど完璧なんです。

会社の上司があなたに理不尽なことを言ってきたとしましょう。このとき、上司がそれを言うにいたった経緯、育った環境、生まれた場所、時間、何十年にもわたって重なってきたできごとや条件が、髪の毛一本も欠けていない完璧さでそろって、なおかつあなたが、その時間に、そのときのようすでその場所にいたというすべての条件がそろって、そのシーンが現れたんです。

絶対にそれしか現れ得ないかたちで、それが現れたんです。完璧としかいいようのないかたちで現れました。すべての瞬間が、このようにして現れているんです。これが「完璧」の意味です。

そして、もう一つの面からも「完璧」と言うことができます。

それは、五感がとらえる感覚は「完璧」であり、それこそが「満ち足りている」ことなのだという意味合いからのものです。

目の感覚を見てみましょう。目はつねに正確にものをとらえています。

スマホを見たときに、それはスマホとして見えています。スマホを見たのに、電気スタンドに見えてしまうなどということはありません。

リビングのテーブルが半分だけ見えているなんていうことはありませんね。

そのほかの感覚だって、現れていることを完璧にとらえます。甘いものを食べたら、その甘さを完璧に感じます。悶絶するような激辛料理は、舌だけでなく体も受けつけないようになっています。それがイチゴのショートケーキの味として感じちゃったらたいへんなことになるんです。ばくばく食べちゃって体調をおかしくしちゃうでしょう。

寒いときには、寒いとちゃんと感じます。道路工事の音が、チェロの音色に聞こえたりはしませんね。完璧に現れているんです。

自分に対して怒っている人の顔は、怒っているそのとおりに見えるんです。それが、やさしく微笑みかけているように見えたりしたら困っちゃうんです。微笑み返したりして、かえって叱られます。でも、ふつうそんなことは現れません。ちゃんとそのとおりに見えるんです。

嫌なことが起きたら、嫌な感情が湧きあがるんです。笑いが止まらなくなったりしないんです。山でイノシシに遭遇したら、トイレに行きたいとか、「ああ、お腹がへったなあ」なんていうことが起きないようになっているんです。体はいつでも動けるように、血管を収縮し、筋肉に血がいくようにして完璧に体勢を整えるんです。

すべてが完璧に現れます。現れるべきことがそのとおりに現れるんです。本当に完璧なんです。これがもう一つの「完璧」です。

一方、「毎日が嫌なことの連続なんです」というのは、一〇〇パーセント「思考」なんです。虚構なんです。相手にすべきものじゃないんです。

「満たされている」「完璧な現れ」というのは、〝私たちの都合〟に合わせたものではないんです。それが欠けることなく現れているということです。足りないものがないということなんです。

今日お風呂に入ったときに、両手のひらを器のかたちにしてシャワーのお湯を受けてみてください。

シャワーの音、
お湯が手のひらにあたる感触、
お湯の柔らかい感触、
お湯がたまっていくようす、
音を立ててしぶきがあがるようすを、
見て、聞いて、においをかいで、肌で感じてください。味わったっていい。五感をフルに使って感じてみてください。

こんななんでもないことが、「何一つ欠けたものがない満ち足りた現れ」なんです。この現れに何か足りないものがありますか？　ないんです。これ以上あり得ない完璧な現れなんです。

この満ち足り感は、「頭」でわかるものではありません。「体」が教えてくれるんです。なんとも言えない安堵感や、ときにはこみあげる笑いや、ときには涙というかたちで。これが本物の〝実感〟なんです。このときにはじめて「完璧である」「満ち足りている」ということがほんとにわかるんです。

質問 18

「大いなる自己」といったものに出会うなどということは、やっぱりふつうでは経験できないことなのでしょうか？

まさか。できますよ。といいますか、いっつもいっしょにいるんです。くっついて離れないんです。世界中の誰もが、毎瞬毎瞬それに触れ、経験しているものなんです。触れずになどいられない、そういうものなんです。

大いなる自己とか、なんとか意識なんていう大そうな言われ方をしているのを聞くと、何かすごいものなのだなんて思ってしまいますけれど、ぜんぜんそんなものじゃないんです。ものすごく身近なものなんですよ。

私は、これをよく「全体」と言っていますけれども、ここではご質問に合わせて「大いなる自己」という表現でお話をしていきます。この「大いなる自己」の「分身」として、私たちの前にはっきりくっきりと姿を現すのが、体の感覚として現れる「事実」なんです。

要するに、「大いなる自己」はいつも「事実」という姿で私たちに触れてきているんです。ですから、年中触れっぱなしなんです。

今、椅子に座っているお尻の感覚が「事実」であり、それはそのまんま「大いなる自己」でもあるわけです。ここがみなさんはまだ感覚的にピンとこないかもしれません。今は「ああ、そうなのね」と軽く思っていてください。そして、あれこれ頭で考えないようにしてください。

この感覚はつねに向こうからやってきます。

こっちから何か特別な働きかけなどをしなくても、「大いなる自己」の方からいつも接触してきているんです。

ふと真っ青な空を見上げたときに、長く尾を引いたひこうき雲が見えたとしましょう。このとき、見ようと思わなくても見えちゃっているんです。私たちが何をすることもなく、勝手に、完璧に、「大いなる自己」が私たちのなかに入り込んできているんです。このとき私たちは「大いなる自己」ときっちりつながっているんです。完璧につながっているんです。一生出会うことがないなんてとんでもありません。一生、つながりっぱなしなんですよ。「大いなる自己」は、青い空がそのまんまに見えている瞬間にも、ひこうき雲が長ーく伸びているのが見えている瞬間にも、私たちのなかに黙って現れているんです。いろいろな名前で呼ばれているこれが「沈黙の存在」などと言われているのが、このことでおわかりいただけるでしょう。いつも黙ってそこにいるんです。

質問 19

探求はどうしてうまくいかないのでしょう？ いろいろ試してきましたが、もう二〇年以上も迷いのなかにいます。

うまくいく、いかないということではなくて、探求そのものをもう少し楽しまれてはいかがでしょうか？　探求自体、私はとてもいいことだと思います。探求をまじめにやられている人って、歩きタバコをしたり、吸い殻をポイ捨てしたり、収集日じゃない日にゴミを出したり、そういうことをしない人だと思うんです。人のものを盗んだり、「いじめ」をしたりとかしない人だと思うんです。それだけだって、世の中にすごくいいことをしているんです。探求の結果がほしいのは当然ですよね。でも、今、探求に取り組んでいることだけで素晴らしいことなんだっていう自信を持たれていいと私は思うんです。

そんなことを踏まえてお聞きください。

通常、このように探求の長い方は、みなさんたくさんの本を読んでいらしていて、セミナーなどに参加したり、瞑想に取り組んでいたり、たくさんの〝言葉〟を知っていて、いろいろなことも〝経験〟なさってきています。当然、たくさんのうまくいかなかったことも〝記憶〟していらっしゃいます。そして、「うまくいっていない」という〝考え〟のなかで苦しんでいらっしゃるわけです。

たくさんのものを持ちすぎていて、一番大事な基本的なことがそのなかに埋もれてしまっているのではないでしょうか。たとえば、「探求がうまくいっていない」っていうのは、そのように「頭」が〝思っているだけ〟といったこと。私たちは、「迷う」ことなど絶対にできないということ。そんなことが忘れられているように感じます。

むずかしいことをいったん捨てて、基本に立ち戻ってみるというのはいかがでしょうか。当たり前のことをもう一度確認してみてはいかがでしょうか。上を向いているとき、下は向けないこと、息を吸っている同じ瞬間に、吐くことはできないといったことなどです。「この瞬間は一つしかない」ということと徹底的につきあってみるとかは、いかがでしょうか。

それから、もう一つ。

もしかしてあなたは、何か新しい知識を受け取ったときに、頭のなかに「ということは……」という言葉が浮かびやすいタイプではありませんか？「ということは、こうなるのかな？」「ということは、こういう場合はどうなんだろう？」「ということは、前にあの人から聞いたあれとの関係は？」なんていう具合に。

「考え」が突っ走り出しているんです。思考の世界で遊びはじめちゃっているんです。そこに行っちゃうと苦しくなるんです。「知識」をたくさん持っている人ほど、比較する対象や、検証をする材料がいっぱいありますから、これは言ってみれば、〝おもちゃ〟をいっぱい持っているようなものです。遊びたくもなるわけです。そこをグッとこらえることが必要でしょう。

「知識」もその瞬間に現れたものであって、その瞬間に何かを感じるか感じないかだけが大事なことなんです。ほかの知識とあれこれ比べない。

「そのとき現れたものがすべて」

これも基本中の基本だと思います。そんな場所に戻ってみてはいかがでしょうか？

探求の長いみなさんから、「ここがやっとスタートなんですね」というお声をいただいています。何十年もかかってやっとスタートかと、がっかりされる方もいらっしゃるかもしれません。

でも違うんです。安心してください。これが実感できたとき、あなたが今いるその場所がスタート地点であり、じつはもうゴールなんだっていうことが「じわっ」とわかりますから。

「さあ、ここからですね！」であると同時に、「お疲れさまでした！」なんです。おいしいお茶でもいただきましょう。

質問 20

そもそも「一瞥《いちべつ》」って何なのでしょう？

何をもって「一瞥」っていうのか、なんだかはっきりしていませんよね。宇宙と一つになったとか、すべてがつながっていることを感じたとかの体験を言うのか、「一瞥＝悟り」なのか、「一瞥＝悟りの疑似体験」なのか、そのあたりがどうも明確じゃないように思います。悟りに至る必須条件みたいに思っている方も多いかもしれません。

私は、みなさんにこんなふうに言っています。素晴らしい体験をしたなら、その体験は体験として味わえばいい。「素敵な体験をしたなあ」と。感動する映画を観たのと同じように。ディズニーランドで一日過ごした体験と同じように。

私もそんな体験をいくつもしてきました。

とてつもなく大きな、やさしさなどという言葉では語りきれないような、得体の知れないものに抱きしめられた経験。

空、雲、線路、線路わきの草、見るものぜんぶが自分だと感じた経験。

自分の首から下が地面に広がり、少し離れた場所にある一本の木と完全につながった経験。

道を歩いていて、両脇にならぶ家のなかにいるだろう人々と自分はつながっていて、自分は一人で存在しているのではないと感じた経験など。ほかにもいくつもあります。

それは、瞑想を終えたすぐあとだったり、なんでもないふだんのなかで起きました。

でも、こういうものはやがて薄れて消えていきます。ときには、すぐに消えてしまいます。

大事なのはこのようなものじゃないんです。私がみなさんからお話をお聞きして、「気づきですね」とお答えするのは、もっと「五感」に直結したものなんです。

実際に『ノンデュアリティかなもり幼稚園』（私が運営しているウェブサイト）の園児さん（笑）からたくさんご報告を受けている、〝生《なま》の事実〟の気づきなどです。

一例をあげますと、「外を歩いていて、ふと見上げた空が、空という名前のない瞬間、雲が、雲という名前のない瞬間を感じました」とか「風を、風という名前のないままに、風を感じました」といったことです。これは言ってみれば、ノンデュアリティど真ん中の感覚なんです。

名前のついていない、思考が動き出す前の、ほんとの〝生の事実〟なんです。これが毎瞬毎瞬現れているんです。

ふだん私たちの「頭」は、これに気づくことはありません。でも、「体」はそんなことは当たり前のこととして知っているんです。その「体の感覚」を垣間見たから「気づきですね」なんです。

また、このようなご報告もあります。「現れては消える、現れては消えるという『事実』がなければ、音楽なんて聴けない。『消える』があるから、メロディがあるんだということがわかりました」といった経験などです。

当たり前のことなんですけど、私たちはこの五感の素晴らしい活動のことを見過ごしているんです。それに気づくことができたから、「気づきですね」なんです。

五感の働きに気づくこと、「ああ、私たちの体って、たしかにそう活動しているんだなあ」「ああ、ほんとに完璧なんだなあ」と感じること、これが生きているようすを知ることなんです。そして、さらにその奥に、「何も起きていない静寂」があることを知るんです。これが気づきなんです。

これを「一瞥」と呼ぶのかどうかはわかりません。ただ、いずれにしましても、このような〝体験〟自体はやがて消えていくものです。そんなことよりも、目の前にはもうつぎの新しい「事実」が現れています。私たちの「体」はもうそっちに移っていますよ。

「体」はものごとを所有することができないんです。その瞬間その瞬間なんです。それこそがノンデュアリティの〝軽さ〟の源なんです。

一瞥でも気づきでもなんでもいいんですけど、そこにとらわれた瞬間に、それは〝重さ〟になっちゃうんです。

ですから、ここで一つ、みなさんにお伝えしたいことは、「自分にはまだ一瞥体験がない」などとしょげている方がいますけれど、そのようなものがあってもなくても、どうでもいいことで、悟りみたいなものとはなんにも関係ありませんよ、ということです。なので、そんなことは気にせず、安心して、「体の感覚」と楽しんでおつきあいしていってください。

質問
21

いろいろなノンデュアリティの本で語られていることが、さっぱりわかりません。

むずかしい言葉がたくさん出てきますものね。

世界の実在性、外的現象の本性、語ることなく語られた言葉、不純性の完全な排除、無境界性、全体性の非個人的機能……。

まあ、ふつうはわからないですよね。でも、これを書いている人はわかっているわけです。当たり前ですよね。これは、その人が感じ取った「感覚」を言葉に落とし込んでいるんです。もともと言葉にならないようなものを、頭をひねって精いっぱい言葉に置き換えてくれているんです。

単純に考えれば、それを逆にたどっていけば、もともとの「感覚」に行きつけるはずなんですけれども、そのひねり出された言葉自体が、わけのわからないものなので、どうにもならないんです。そこで足踏み状態になってしまうわけですね。

先に、「言葉（知識）」は一度インプットしたら、もうそれにかかわらなくていいんだというお話をしました。言葉は、そこに突然現れた「感覚」を〝見逃さないためのもの〟なんです。

ですから、これ自体をわかろうとする必要はないんです。というか、わかりません。「じゃあ、どうしたらいいの？」の答えが、「身近にある感覚をとらえていきましょう、そのなかに答えがありますよ」そして、そのやり方として、「こんなのはどう？」「これはわかりますか？」「これをやってみてください」ということを語っているのが私のお話なんです。

「実際にやってみてね」と。

ですから、「右手をあげてみて」って書いてあったら、実際にあげてみてほしいんです。「手のひらを広げてみて、つぎはグーにして」って書いてあったらやってみていただきたいんです。

頭で考えたら、「そんなことしたって、手が開いて結ばれて、だけの話でしょ？

そんなことが何になるの？」となります。でも、実際にやってみたら、見えてくるものがぜんぜん違うんです。

人が言葉から連想できるイメージはあまりにも陳腐です。

「散歩にでも行かない？」と言われて「散歩なんてつまらない」と「考える」人は、「さ・ん・ぽ」という言葉から連想できるもののなかだけで、「考え」ます。寂しい世界しかありません。

でも実際に散歩に出てみれば、一生のなかで二度と同じもののない、たった一度だけ、そのときだけの風の「感覚」を味わうことができるんです。しかも、その感覚は、言葉では到底表現できない素晴らしいものなんです。

そんな散歩のときにふとわきあがった一瞬の「感覚」が、たとえば先にちょっと出てきたむずかしい言葉の一つ「無境界性」というものとぴったり重なったりするんで

す。

そのときにはじめて、「ああ、そういうことだったのね」とわかるんです。チンプンカンプンだった言葉に、胸がじんとしたりするんです。

本に書いてあること、とくにむずかしげな本に書いてあることは、読んでわかろうとするためのものじゃありません。何かの実感があったときに、それがまちがいじゃないと知るためのものなんです。「実感」があってこその「本」なんです。「本」は、それ単独で役に立つものじゃないんです。

質問
22

思考がよけいなものだということはわかってきました。でも、ポジティブな思考もいらないというのがなんともわからないのですが。

スピリチュアルなどでは、ポジティブな考えがすすめられていることが多いですもんね。そんなあたりで勘違いされている方も多いかと思います。

ポジティブもネガティブも同じ「ただの思考」です。どっちがいいとかわるいとかはないんです。

どちらも放っておいていいものです。「ふーん、今、それが出てきてるのね」って、放っておくんです。用のないものなんです。

用があるのは、さまざまな「思考」がわき出てくるおおもとの方なんです。何があっても動かずそこにあるおおもとです。地上では風が吹き荒れ、雨がざんざん降りでも、地中深くは静けさを保っています。

しーんとした静けさ。

そこに焦点が合っているとき、ネガティブであろうとポジティイブであろうと、なんでもかまわない。さまざまな思考が噴き出しまくっているその下で、しーんとしているそのようす。そして「体の感覚」では何が起きているのか。それだけがリアルなんです。そこが重要なんです。

こういうお話をしたときに、これまたよく出てくるのが、「人を思いやる気持ちとか、そういうものも無視していいのでしょうか？」というもの。

思いやる気持ち、大切ですよね。でもね、だいじょうぶです。放っておいてください。かまわないでください。といいますか、「体」に照準をあわせていれば、自然にそのようになっていくんです。

そして、ここがわかりにくいかもしれませんけれど、一度、〝しーん〟まで行ってほしいんです。感じていただきたい。たとえば大自然のなかで、思いきりたっぷりの息を吸い込んで、ゆーっくり吐いていくときのような静けさ。すべてをゆだねきった感覚。

そのときに感じるんです。「思考」が生み出した思いやり（らしきもの）とは明らかに違う感覚を。

「思考」はよくまちがいを犯します。誰かのためと思っているのは、ただの思い込みかもしれません。

よく見てみたら、自分の満足のためだったりするんです。小っちゃな判断基準で相手を見ると誤ります。

いつも「全体」が、あなたが何をするべきか決めてくれています。それを勘違いしないで受け取るには、「しーん」に触れることが必要なんです。

「思考」がつくり出したポジティブ、ネガティブは、「しーん」から見たら、それ自体にあんまり意味がないんです。

もっと大きなものから生まれてくる何かを感じたとき、体が勝手に動いていくのを感じるでしょう。それに逆らうことはできません。そのとおりに現れていきます。「考え方」でどうにかするんじゃないんです。〝全自動の力〟を感じていくことです。

質問

23

「体を自分と同一化しているかぎり、自己は永遠に消えず、よって真理は見えない」ということを本で読みました。金森さんが言う「体の感覚を意識する」というのは、真理から離れることではないのかなどと考えてしまいます。

たしかに。でも心配なさらなくてだいじょうぶですよ。

「体を自分と同一化する」っていうのは、「自分は体そのものである」と思い込むということなんですけども、「体の感覚」を感じて、感じて、感じていくと、そもそも「自分」っていうそれ自体が最初から「ない」ということがわかってくるんです。ごくごく自然にわかってきます。

そのうちに、体そのものも意識から消えるんです。みごとになくなります。「自分らしきもの」も「体」も両方ないんですから、同一化も何もないわけです。

残るのは、純粋に、そこに現れた「感覚」だけになるんです。

ただしそのとき、「あ、体が消えた」なんていう「考え」は現れませんからね。消えたことをその瞬間に感じることなどできません。そのあたりを勘違いしないようにしてくださいね。あとから「あ、今、そうだったような気がする」、そんな程度のものなんです。たいしたことじゃないんです。そこをまちがってとらえてしまっていて、その感覚をずっと待っていたりしたのでは、とても悲しいことになりますから。「体が消える」というのは、そんなことが思い浮かびもしないことを言うんです。

これに関連して、もう一つとっても大事なことをお伝えしておきます。

ふつう私たちは、見えていること、聞こえていること、におっていること、味を感じること、体で感じること、そして思い浮かぶこと。これらを「自分のこと」としてとらえています。これが大きな勘違いなんです。

『バタ足ノンデュアリティ』では、「体、体、体、ひたすら体なんだよ」「五感の感覚がすべてなんだよ」「感じてください。ひたすら感じてください」ということをくり返し言います。それなのに、それを自分のこととしてとらえるのは違うんだよって、どういうこと？　って思われるでしょう。

でも、これも「体の感覚」を感じて、感じて、感じていくと、「五感が世界のすべて」であり、なおかつそれが「自分に現れているのではない」ということが、じんわりじんわりわかってくるんです。

今すぐわかってくださいなんて言っているんじゃありませんよ。今はわからなくていい。でも、知識として「これは大きな勘違いなのだ」ということを知っていることで、私がこれからお話ししていくことが一段深いところで腹に落ちてくるんです。

そのうちにある日、夢中でマンガを読んでいるとき、自分などなしで、ただ「見えている」だけがそこにあることに気づくでしょう。

質問 24

よく言われる「自分を許す」ことができれば、楽になれるのでしょうか？

私はずーっと「心のようなものを探ることは、おやめになった方がいいですよ」と言いつづけています。「苦しくなるだけですよ」と。

この「自分を許す」というのは、そういったものの典型です。まず、自分を許すには、何よりも「自分」というものを見つけなければいけないわけですけれども、「自分」なんていうものは、ただの思考です。ポコッと現れた思考にすぎません。「ああ、お腹がへったなあ」なんていうものと同じなんです。あるようで、「ない」ものなんです。ですから、それをつかまえることは至難のわざ。

同じ思考でも「お腹がへった」の方がまだつかまえやすいかもしれません。少なくとも実感がともなっていますから。でも、それをつかまえて、「お腹がへってるんだね、わかったよ、許してあげるよ」なんて言ってもねえ。それより、何か食べちゃった方が体は喜ぶでしょう。

許そうとする「自分」っていう対象を見つけたり、つかまえたりするのが困難である以上、それで楽になれるとかなれないとかのお話ではありませんよね。

そもそものお話です。「許す自分」というものを見つけることができないんです。もし、自分を許せたような感じがしてきたとしたら、それは、ポコッと現れた「自分を責めている〝らしい〟思考」を相手にせず、放っておけるようになったということです。それは、「許す、許さない」というお話とはまったく別のお話です。思考はその思考のまんま、それでよし、なんです。それがそこにあっても、なーんにも問題はないんです。そんな思考が現れているだけですから。

質問 25

つらいことがあっても、これはただ起こるべくして起きた完璧な流れなのだからと、がんばって自分に言い聞かせています。でも、なかなかうまくいきません。

そこに現れてきていることを、自分の考えに沿って解釈しなおすというのは、すでに現れた変えようのない「事実」をねじ曲げようとがんばることで、これはたいへんエネルギーを必要とするおこないになります。

「言い聞かせる」というようなことをして、自分に都合のよくないことをどこかに隠そうとしても、それを自分が知っているわけですから、隠したことにならないんですね。

完璧な現れであることを知るというのは、そういうことではありません。

そのように「考える」ことではありません。思考を別の思考で塗りかえても、何の

意味もありません。

現れた「事実」は、人の手でどうにかできるようなものではありません。理屈で自分を納得させようとしても、うまくはいかないでしょう。

それよりも、どうやったって自分はかかわることができない、すべてが自動なんだっていうことが腹に落ちれば、このような「考え」にはなりません。太陽が東から昇るのを、「これでいいんだ、これでいいんだ」なんてがんばって自分に言い聞かせたりしないでしょ？　これは自分でどうにかなるものだなんて思っていないからなんです。すべてのことがそうなんです。

「事実」に向き合ってください。体の感覚に耳を澄ませてください。「なーんだ、そんなことしなくていいんだ」っていうことがわかりますから。だって、「事実」はそんなことをする隙なんてどこにもありませんから。よけいな荷物を背負いこむのをやめてゆっくりしましょう。

質問 26

ちょっと嫌なことがあっただけで、そこから離れられなくなってしまう人と、すっと消えていく人の一番の違いって何なのでしょうか？

離れられない人は、何かが現れたときに、その「事実」のあとすぐに走り出す「思考」にフォーカスしています。「思考」は、嫌なことほどそこに居座ろうとします。しつこいんです。それとなかよしになってしまっているんです。

すっと消えていく人は、「事実」の方にフォーカスしています。その違いです。

「事実」は「体の感覚」です。

「事実」はどんどんさきにすすんでいきます。どんどん変化していきます。とどまっていることができないんです。そこにフォーカスしているんです。瞬間瞬間の「今」に照準が合っているということです。

嫌な気持ちを引きずることだってあるでしょう。そのときは、その嫌な気持ちのまんまですすんでいくんです。そのまんまかまわずにすすんでいくんです。それがそのように現れちゃっているんですから、じたばたしたってしょうがないんです。そのまんますすんでいくんです。

そして、見える、聞こえる、におう、味がする、体で感じる「事実」とがっちり向き合っていく。気がついたら、嫌なことなどはるかむかしのことです。その瞬間しかない、ただ起きている、すべて自動である、苦しみは思考がつくっている、「事実」に〝嫌なこと〟はない、今現れていることがすべて、いい・わるいの判断がゆるむとすべてが変わる。このようなことが少しずつ腹に落ちてくれば、それに応じて見え方が変わってくるんです。

質問
27

心のなかに入っていくのは意味がないというのはどういうことですか？　そもそも心って何ですか？

「心」って、感情も含めて「思考」が寄り集まって、なんとなーく〝あるように感じる〟ものです。もう一度言います、あるように感じるもの。つまり、錯覚。実体みたいなものはありません。だって、実体のない「思考」がどれだけ集まっても、実体にはなりません。「思考」は思考です。

「思考」は、そのときどきで自動で現れてくるもの。勝手にそのかたちになって現れてきます。こういうふうに現れてほしいと思っても、そんな私たちの都合などおかまいなしに現れてきます。

これについて、あれこれ考えてもしょうがないものです。だって、ここに大事なものはないんです。基本、放っておくものなんですから。そんなもののなかをあれこれ詮索してもしょうがないでしょう。

たとえば、その感情が現れた理由や根拠を探ったりしても、そこにほんとの理由などは見つかりません。思考や感情も、私たちの手の届かない「全体」から、ポコッと現れるんです。どうやったって探りようがないんです。

でも、放っておくものだよ、とは言っても、まったく相手にしないこともできないので、テキトーにつき合ってやって、バイバイすればいいんです。

カレー屋さんに行ったとしましょう。メニューを見せてもらおうとすると、そのカレー屋さんは、なんと向こうの都合で品物が出てきちゃうお店だったんです。「ベジタブルカレーが食べたーい！」って思っていたのに、マトンカレーが出てきちゃいました。

私が「もうそれが出てきたんだから、食べときましょ」って言っても、あなたは、なぜマトンカレーなのかを怒って店員に問いただすんです。どうしてベジタブルカレーじゃないのか、取り替えろ、と。そして、文句たらたら。そして待っていると、こんどはバターチキンカレーが！

「心」っていうものは、こんなふうに現れるんです。黙って出てきたものをおいしくいただくしかないんです。

自分が厨房に入ってつくってくる？

ワハハハハ、残念でした。この厨房には絶対に入れません。


忘れてはいけないことは、「心」は「思考」のかたまりなんです。つねに移ろっているんです。つかまえようがないんです。仮につかまえることができたとしても、「思考」は虚構です。どこまでいっても虚構です。本質が虚構なんですから。「事実」ではないんです。

「事実」ではないことを入念に調べてどうなるの？


そうじゃなくて、私たちには、もっとはっきりとした「体の感覚」というものがあるじゃないですか。完璧に現れた、たしかな「事実」が。

しかも、これが「全体」とぴったり息を合わせて活動しているんです。それを見ていくことで、「本当のこと」が見えてくるんですから、そっちを見ていった方がいいに決まっています。しかも、その方がずっと楽で簡単なんだし。

ごはんのおいしさをそのままに感じることが、まさにノンデュアリティの感覚なんです。むずかしい顔をして、過去のことや、自分の嫌なところをほじくり返して見つめたりするより、ごはんのおいしさを味わった方がずっと楽しいでしょう。

〝心のようなもの〟がある前提でいるとややこしくなるんです。心の乱れを整えるとか、心が苦しんでいるなどと考えたりするんです。そして、「では、いっちょ中身を調べてみましょっか」といって探ったりすることになるんです。さらに、これを「自己」とか「自我」みたいなものと結びつけて、もうどうにもならないほどにこんがらがっちゃうんです。

私は「むずかしくしないでください」と言いつづけています。「心」と呼ばれているものは、ただの「思考」なんです。ポコッと現れただけのものなんです。

「心」という言葉は、私たちのなかに深く根づいています。あたたかいもの、大事なものという「考え」をお持ちでしょう。そういうふうに育ってきたんですから、切り離すのは簡単ではないかもしれません。

でも、「事実」だけを見つめていけば、はっきりとわかります。ただの「思考」であると実感できます。「ない」ということが実感できます。これを冷たいことのように思わないでくださいね。絶対的なあたたかさは、そこじゃない別のところにあるんです。もっともっと大きなあたたかさが。

ノンデュアリティに触れていくことでそれがわかってくるんです。自分の状況がどうなのかということにゆらぐことなく、人や生き物への慈《いつく》しみといったものが現れてくるのは、私たちが思っている〝心のようなもの〟からじゃないんです。そんなちっぽけで不安定なものから現れてくるんじゃないんです。

質問
28

「そこに現れる思考はあなたのものではない」というようなことがよく言われますけど、それなら、なぜ私しか知らないようなことが出てくるのでしょうか？

たしかに。でも理由はものすごく単純なことなんです。

あなたが五感で感じ取ったものが丸々あなたの世界です。それに反応した思考や感情があります。あなたが知覚できないものは、あなたの世界に現れません。あなたの世界に存在することができないんです。

あなたが知覚している世界はあなた一人の世界なんです。あなた一人しか存在していないんです。

ですから、あなたの知らないことが現れるはずがないんです。すべてはあなたの庭で起きていることなんです。シンプルすぎることなので、これしか言えないんですけど、これ、とても大事なところなんです。「ここ、試験に出るぞー！」ポイントです。ぜんぶ太字にしたいくらいです。これが理解できた人には一〇ポイントさしあげます！

質問 29

すべてが自動ならば、何かの原因を探るということは意味のないことなのでしょうか？

二元の世界における表面的なことではじゅうぶんに意味があるでしょうし、きっと大切なことです。

たとえば、仕事などにおけるミスの原因を探り、同じミスをしないよう大勢のための共通認識をつくるということは、やはり必要なことでしょう（本当の原因ではありませんけど）。そのほかどのようなコミュニティでも、過去の失敗の原因を探って、それを教訓にして決まりごとをつくるというのは必要なことです。社会生活を送る上での規則やマナーというレベルのお話ですね。

けれども、これがおおもとのお話になると、まったく違ってきます。

過去にさかのぼって原因を探って、仮にそれらしいものを見つけたとしても、それはまったくの勘違い。本当の原因なんかじゃありません。本当の原因は、あなたが生まれるずっと前からつづいていることのなかにあります。

あなたが四〇歳のときに嫌な経験をしたその原因が、あなたが赤ん坊のときに抱っこされた親戚のおばさんがタバコくさかったことが関係していたりするんです。そこから気の遠くなるような要因、おそらく数兆ではおよばないほどの原因がからみあって、今、それが起きたんです。

もっと言うと、そのおばさんが生まれる前の、おばさんの親にも関係しています。あなたがめぐりあった人全員の数千兆、それ以上のささいなできごとがからみあった結果なんです。それが「全体」のなかで組み合わされて現れてきたものなんです。私たちにはそれが唐突に現れたとしか思えなくても、それはそれしかあり得ないかたちで、動かしがたいものとして現れているんです。

はっきりとした原因を探ることは事実上、不可能なんです。ですから、意味がないんです。

このことが私たちにもたらしてくれる最大の恩恵は、なんといっても、過去に何があったとしても、それについて悔やんだり、後悔したりする必要がないということでしょう。

だってそうでしょう。何かの失敗（と思い込んでいるもの）だって、あなたがどうこうしたから、そのように現れたなんていう単純なことじゃないんですから。

すべてが私たちの手の届かないところから、ただそれが、それしかないかたちで、それしかないタイミングで現れたんです。しかも、数千兆なんて数どころじゃない原因がからみあって現れてきたことなんです。

すべてが私たちの手のおよばないところでつくられ、現れてくるんです。原因を探ることなんて、実際にはできません。そんなことに気を取られていないで、目の前に現れている「事実」にまかせて、ゆったりゆったり流されていったらいいんです。実際、私たちにはそれしかできないんですから。

質問 30

いろいろ話を聞いても、「すべては自動」だとか「何も起きていない」とか、雲をつかむような話ばかりで、さっぱりわかりません。どうしたら理解することができるのでしょうか？

「すべては自動である」とか「何も起きていない」という〝言葉〟を「頭」でいくら追いかけてもわかりません。

ひたすら「事実」を見ていくだけです。「事実」っていうのは、その瞬間その瞬間に感じる「五感」です。それをよおーく見ていくと、自然と「ああ、ほんとだ、ぜんぶ自動で起きてるんだ」ということが感じられてくるんです。

「何も起きていない」だって同じです。頭で「どういうことなの？　どういうことなの？」と考えてみたってどうにもなりません。「体の感覚」なんです。

たとえば気持ちがざわざわしているとき、体では何が起きているでしょうか？　視覚はどうでしょう？　見える世界がゆがんだりしていますか？　おそらく、なにごともなくふだんどおり見えているでしょう。

聴覚はどうでしょう？　聞こえる音がおかしな音に聞こえてしまっているでしょうか？　バイクのエンジン音が、風鈴の音に聞こえたりしているでしょうか？　まさかね。ちゃんとバイクの音に聞こえているでしょう。

じつは、そのとき「体」では何も変化が起きていないんです。

「体の感覚」だけが信頼に値するものです。だって、それだけがリアルなんですから。

それだけを頼りにしていくんです。すると「何も起きていない」は自然にわかりま

す。生の感覚としてはっきりとわかるんです。「何も起きていない」ことをありあり
と感じるんです。

そのときに、「ああ、本当に何も起きていないんだ……ただ今のようすがあるだけ
なんだ……」という〝消えることのない楽〟が浮かびあがってくるんです。

頭でいくら考えてもわかることではありません。実感する以外にありません。

なんだか心臓がドキドキしている？　それなら、それが実際に起きていることです。
それだけが「事実」なんです。そこには何の問題もありません。ただ鼓動が速くなっ
たという「事実」だけがあるんです。

「事実」に触れていくことで「雲をつかむような話」が実感としてわかるんです。

質問
31

最近、自分の人生は、本当にこれでよかったのだろうかと考えてしまうことがよくあります。

一つたしかに言えることは、あなたは何一つまちがっていないということです。過去にもまちがいをしていません。今もしていません。これからもまちがえることはありません。どうやったってまちがえようがないんです。だいじょうぶなんです。安心してください。これでよかったに決まっています。どうやったって、ほかにありようがないんです。今この瞬間、目の前にあることがすべてなんです。

それ以上、手を加えることなどできるわけのない「完成された事実」だけがずーっと現れてきたんです。それが延々とつづいてきたんです。

あなたが今、座っているとしましょう。同じ今、立っていることはできないんです。「事実」は一つしかないんです。違う座り方のあなたも存在しないんです。今、そのように座っていることが、何一つ欠けることなくそこに現れているんです。そして、その「今」は、私たちがどうこうできるようなものじゃないものとして現れているんです。ずーっと、そんなふうに生きてきているんです。

ただ、これが理解されるためには、二元の世界での「自分の都合」というところが薄まっていかないことには、どこまでいっても「これでよし」にはなりません。つねに「もっと違う場所があるに違いない」と思っていますから。

家庭、仕事、人間関係、お金、財産、自己実現、夢。これらのなかに、どれだけ幸せや満足を求めても、私たちがほんとに求めている幸せを得ることはありません。幸せは、そこにはないんです。この感覚があなたのなかに芽生えたとき、モヤモヤは自分から姿を消していきます。

質問
32

先のことを考えない、夢も持たない、今に満足して生きるなんて、なんだかつまらなそうなんですけど。

あらあら、そういうことではないんですよ。そういう「考え方」で生きていくということではありません。「考え」で自分を納得させるとか、どうこうしようということではありません。「考え」と距離を置いて生きていくと、自然とそうなっていくよ、ということなんです。

瞬間瞬間に起きてくる「事実」とつき合っていくと、それが完璧としか言いようのないかたちで現れてくることがはっきりとわかってきます。それしかありようのないことが現れていることを感じるようになってきます。もうそれ自体が完璧で満ち足りていることを感じるんです。それが「満足」なんです。

自分の夢がかなったみたいなことで感じるような小っちゃな満足とはぜんぜん違います。そんなものは一時の満足なんです。すぐに消えていきます。そうじゃない〝消

えることのない満足〟は、「事実」に触れたときに現れるんです。

そして、この「事実」は今この瞬間にしかありません。それがほんとに腹に落ちたとき、自然にこの瞬間以外を望まなくなるんです。先のことを「考えないようにしよう」ということではありません。自然とそうなるということなんです。「求めること」自体が自然と薄れていくんです。

質問 33

ノンデュアリティに目覚めた方々は、「ただの幻想だ」とか、「深刻にならなくていい」とおっしゃいます。でも、実際に今苦しんでいる者にとっては、とてもお気楽に聞こえ、イラッとします。

ですよね。わかります。私だって、最初にノンデュアリティの本に触れたとき、言葉がむずかしすぎるということもありましたけれども、「幻想なんだよ」みたいなことが受け入れられなくて、一〇ページほどで本を放り投げた経験がありますから。

今、私からあなたにお伝えできることは、ノンデュアリティのメッセージは、苦しんでいる人にそっと寄り添うようなものとは違うっていうことなんです。「事実はこのようになっているんですよ」と、ただそれをお伝えしているだけなんです。

そのあたりにある種の「冷たさ」を感じるのかもしれません。しかも、その内容が「すべては完璧である」とか「深刻になる必要なんて何もないんですよ」とかいったことですからね。つらい人は気持ちを逆なでされるようで、なおさらイラッとするかもしれません。でも、これが真実なんです。

ノンデュアリティのメッセージは、「火」のようなものだと、私はみなさんにお伝えしています。

火は熱いんです。いくらやさしく燃えても熱いんです。いくらやさしく近づいても熱いんです。じかに触れたらやけどをします。一歩まちがえば、火事にだってなります。

けれども、正しく使いさえすれば、おいしい料理だってつくれるし、寒い冬を快適にすごすことだってできます。明かりの下でゆったりと夜を楽しむことだってできます。そのはかり知れない恩恵は、私たちの生活すべてにおよびます。すべてを潤わせてくれるんです。

私に突然訪れたノンデュアリティは、山火事クラスの大物でした。有無を言わさず、私のあらゆるとらわれをきれいさっぱり焼き払い、私のすべてを変えました。見渡すかぎりの焼け野原。おかげで、ずっと遠くまで見とおせるようになったというわけです。

結局は、「火」であるということをどう受け止めるかにかかってくるんです。今、やけどを負っているなら、近づかないほうがいいかもしれません。それでも、近づいてみたいという気持ちが現れるのであれば、そうするのも自由です。誰もあなたに制限を課したりはしません。

メッセージに腹を立ててもいいんです。反発心が現れたっていいんです。なんでもいいんです。最終的に受け入れてみるか、やめておくか、それだけです。これはあなた自身にもコントロールができないことです。何が現れるかは、誰にもわかりません。できたら、「もうちょっとつきあってみっか」という気持ちが現れてくれればいいなあ、と思います。なぜなら、ノンデュアリティは知れば知るほど、やさしいんだということがわかってくるからです。

質問34
特定の人だけではなくて、人間関係が全般的にどうもうまくいきません。何が問題なのでしょうか？

個別の表面的な原因は、きりがないほどにあるでしょう。それを一つひとつ見つめて、心のなかを探ったりして片づけていこうなんてしたら、一生かかっても終わりません。問題はかぎりなく出てきますから。

ですので、そんなことにはかかわらないで、おおもとをやっつけちゃいましょう。くさいにおいは、もとから断つにかぎる！　悪臭のもとは何でしょう？

そうです、「思考」です。

言ってしまえば、人間関係は、ぜーんぶ「思考」の問題なんです。それ以外にありません。

「思考はどこまでいっても虚構にすぎない。じゃあ、事実では何が起きている？　ハハハハ、なーんだ、何も起きてないいじゃん」と気づくことができたら、いきなり世界が変わるんです。

これが実感として現れてきたら、それが最初はたとえかすかにであっても、現れた分だけラクになれるんです。もし、大きな実感が現れてきたなら、もう何も怖いものはありません。

質問 35

少しわかったかと思うと、やっぱりわかっていなかったり、矛盾が出てきたりして、いっこうに前にすすんでいる気がしません。

矛盾というものは、新しい知識と以前に得た知識とのすり合わせによって起きることです。以前の知識がなかったら矛盾は起きません。

「いっこうに前にすすんでいない」も、過去の時点とのすり合わせ。「わかったり、わかっていなかったり」も過去との戯れ。ぜーんぶ思考のなかで遊んでいるだけです。まったく必要のないことなんです。

でも、そのまったく必要のないことがそのまんまに現れています。いいじゃないですか、何の問題もありません。

「事実」は、思考の上での「矛盾」などまったく気にしません。それがあろうとなかろうと、かまわず起きることが起きていきます。「事実」は、ヘビがカエルを丸々飲み込んでしまうのと同じように、「矛盾」など〝丸飲み〟にしてしまうんです。

そのまんまでいきましょう。

「いっこうにすすんでいない」という気持ちのまんますすんでいくんです。

「やっぱりわかっていない」という気持ちのまんますすんでいくんです。たまたまそれが現れているだけなんです。なんにも問題はないんです。なんにもまちがっていないんです。すべてがそのまんまにすすんでいくんです。

「すすんでいない」と思うとき、「すすんでいないという思い」が現れているだけなんです。実際には、自動ですすんでいるんです。そのままでいいんです。目で、耳で、鼻で、口で、肌で、「事実」がそのまんまにすすんでいることを感じてください。実感してください。「このまんまでいいんだ」ということがわかってくるでしょう。

じつは、ここがすんごく大事なところなんです。わかりますか？

なぜなら――、

五感を見ていて、「このままでいいんだ、これしかないんだ」と気づくことこそが、リアルな「気づき」だからなんです。

そして、さらにこの向こうに、「あらま、よく見たら何も起きてないじゃない」という気づきが現れるんです。笑えてきますよ。

質問
36

思考がおとなしくなってくると、逆に不安が膨らんできます。

あらあら、それはいけませんね。でも、それはまったく「思考」がおとなしくなっていないことです。不安は、「思考」ですからね。「思考」についてのとらえ方が少し違っているのかもしれません。

そもそも、「思考」がおとなしくなるというのは、「思考」そのものがなくなったり、減ることって思っておられるのかもしれませんけれども、そうじゃありません。「思考」それ自体に気づかないこと、もしくは、「思考」がどれだけあっても気にならない状態のことを言うんです。

思考はあふれ出てくるものなんです。噴き出してくるものなんです。なくなったりしないんです。そのかわり、どれだけ出てこようとぜんぜん問題はないんです。私たちが真に生きているようすとは関係のないところのお話なんです。

今のあなたがやるべきことは、「不安が膨らんできたなあ」という「思考」が現れてきているだけなんだと知ることです。実際に不安が膨らんでいるんじゃないんだよ、と知ることです。その「思考」が現れているだけなんだよ、と知ることです。だってほんとにそうなんですから。

不安という得体の知れないものが実際に現れてきて、あなたを苦しめているんじゃないんです。不安なんていう決まった存在はないんです。

なんだかよくわからない「不安らしきものが出てきやがった」という、〝自分がつくった「思考」〟に苦しんでいるだけなんです。

そこを見誤らないようにしてくださいまし。

質問 37

よく金森さんは、ノンデュアリティの感覚がわかってくると、あらゆることが軽くなると言います。「自分」などというものはないとも言います。「自分」がないのに、何がどう軽くなるのでしょうか？

ありますねー、この質問。はい、お答えします。

「軽さ」と「自分がいない」は、同時に起きます。どっちかが先ということはありません。「自分がいない」自体は感じることができません。「軽さ」がその証しの一つなんだと、なんとなーく思っておいてください。

みなさんはこんなふうに「考え」ます。

「自分というものがないのに、それを軽いと感じるのなら、それがセルフとか大いなる自己とか呼ばれるものなのではないだろうか」と。そんなむずかしげな言葉を知っていたりするものだから。

そこに行かないことです。そういうところに「考え」を走らせないことです。もっと単純なんです。

ただそこに「軽さ」が現れるだけなんです。それを受け取る「自分」みたいなものはありませんし、それを感じている正体不明の存在みたいなもののことなんて考えなくていいんです。

考えたってわかりませんから。いくら本を読んでもどうにもなりませんから。そんなわかりにくい話じゃないんです。ただそこに「軽さ」があるだけなんです。感覚を感じてみてください。

ちょっと気分がさえない休日に、なんとなく観はじめた映画のおかげで、いつのまにか気分が楽しくなっていたとき、「〝私が〟気分がよくなった」なんて思わないんです。あとになって「考える」と、そんなふうに思うかもしれませんけど、その瞬間にはそんなふうには思わないんです。

その瞬間には、「自分がいない」と「軽さ」が同時に現れているんです。

よけいなことを考えないことです。考えるから、いろいろな〝わからない〟ことが現れるんです。迷っているように感じちゃうんです。「分析」をはじめないことです。「なんか気分がいいみたい」という「感覚」が現れたところで終わりにしてください。それが何であるかという「枠」にはめ込もうとしたり、「言葉」に落とし込もうとすることはしないでいいんです。

感じたら〝感じっぱなし〟、これがノンデュアリティの感覚なんです。わかろうとすることが迷いをつくっているんです。「感覚」は迷ったりしませんよ。

質問 38

自分に対して肯定感を持ったり、否定的になったりします。その自分って、いったいどこにいるんだろうか？なんて考えてしまいます。

これも多くのケースと同じで、「肯定感らしき思考」が現れているだけであり、「否定的らしき思考」が現れているだけなんです。「いったいどこにいるんだろうか？」が現れているだけなんです。

考えなくていいんです。

「自己」がどうしたこうした、本当の自分がどうしたこうしたということを探求したくなる気持ちもわからないではありません。

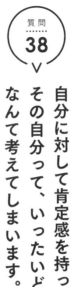

でも、それこそが苦しみをつくっているんですよ。迷っていないのに「自分は迷っている」という勘違いを引き起こしているんです。

探さなくていいんです。調べなくていいんです。考えちゃだめなんです。

質問
39

いわゆる「無の境地」を体験してみたいのですが、瞑想などを極めていけば体験できますか？

これね、体験したいもなにも、私たちはいつも体験しているんです。というか、体験していないときがないんです。ずーっと体験しっぱなしなんです。生まれてからずーっとです。

私たちが生きているようす、つまり、五感の感覚がとぎれなく現れているようすそ

のものが「無」なんです。しーんとしているんです。

〝境地〟なんていう大そうなものじゃありませんよ。今、呼吸を感じているようすそのものが、「無」なんです。求めるようなものじゃありません。いつもぴったりくっついているんです。ただ、それを感じることができないものだから、きっとどこかにあるに違いないって思うんですよね。そうじゃないんです。いつもなかよしなんです。

それと、これ、眠っているときにも体験しているんです。熟睡しているとき、まさに「無」なんです。熟睡のときを思い出すことなんてできませんよね。なんにもないんですから。ですけど、私たちは毎晩、しかも何時間も「無」のなかにどっぷり浸かっているんです。

起きているときにも「無」で、眠っているときも「無」。なんと、「無」じゃないときがないんです！　ですので、これ以上、「無」に触れることはできません。すでに二十四時間ずっと「無」なんですから。

「そんなことを言われても実感できません」という方がほとんどでしょう。ですので、一つ例をあげます。すぐに実感するのはむずかしいかもしれませんけど、なんとなーく理解はできるんじゃないかと思います。

たとえば、こんなとき。

「ああ、疲れた。ちょっと休も」なんていって、ソファにだらーんって横になった瞬間。背中がソファの座面に触れた瞬間、その感覚だけがあなたのなかに浮かびあがった瞬間。「ああ、気持ちいい」が浮かびあがる前の瞬間です。ソファっていう名前さえ浮かんでいなかった瞬間、それが「無」なんです。

思考や認識が働き出す前の、「五感」だけが働いている瞬間です。

興味のある方は、ひまつぶしに遊び感覚で、その一瞬の「ものの名前」も浮かばない「五感」だけの感覚を感じることにチャレンジしてみてください。

ただし、これを瞑想とかで真剣に探そうとしたりはしないでくださいね。修行みたいになっちゃいますから。あくまでも、その「一瞬中の一瞬」を感じてみるお遊びとして楽しんでやられてみてください。

質問 40

現れたことを受け入れるというのは、頭ではわかるんですけど、やっぱり受け入れがたいことってあると思うんです。

「受け入れる」というのは、考えの上で「受け入れよう」とすることじゃないんです。「受け入れる」というこっちからの〝働きかけ〟じゃないんです。
私たちは、徹底的に受け身なんです。どうやったって受け入れるしかないんです。
現れることはどうやったって現れますし、現れないことはどうやったって現れません。

しかも私たちが「あ、現れた」と認識したときには、それより前に「事実」はすで

に現れていて、その瞬間に「体」はもう受け入れちゃっているんです。頭が気がつく前に受け入れちゃっているんです。

それを頭で認識してから、「考え」の上で、「受け入れがたい」なんて言ってもどうにもならないんです。

現れたことを受け入れるっていうのは、「考え」でどうにかすることじゃなくて、「体＝五感」は、もうとっくに受け入れちゃっているよ、ということをただ知ることなんです。

しかも、「受け入れがたい」と思っていることが、ほんとに起きているのかというと、じつは起きていなかったりするんです。

知っていただきたいことは、「体の感覚」ではないどのようなことが現れたとしても、それはすべて「思考」のなかに現れているだけの、〝表面上のこと〟だということなんです。そう〝思っている〟ことにすぎないんです。

「五感」で感じ取れたものだけが事実なんです。それ以外のことは、ぜんぶ「思考」

の世界のことなんです。それは、つまり「事実」では何も起きていないよ、ということなんです。

これが実感として、「ああ、ほんとに起きてないんだ」となったときに、リアルな、消えることのない〝軽さ〟が現れるんです。背負っていた大きな大きな荷物を下ろしたときのような感覚がやってくるんです。

念のために言っておきますと、受け入れる、受け入れるとは言っていますけれど、これはあくまでも言葉での理解を助けるためのことであって、**「事実」には、受け入れる「個」のようなものは存在しませんからね。**そこのところをおまちがえのないように。

誰かが受け取っているわけじゃなくて、〝軽さ〟がそこいらにポコッと、自動で、ただ現れただけなんです。これも頭で考えてみてもどうにもなりません。ひたすら「全体」の分身である「事実」を感じていくことによってのみ、腹に落ちるんです。

質問
41

ゆだねる、まかせるということが、うまくいきません。どうしても抵抗してしまいます。

これ、前の質問とダブるんですけど、とっても大事なことですのでお話をさせていただきます。

「ゆだねよう」「まかせよう」というのは、「〝考えを使って〟そのようにしよう」としていることなんです。「考えのなか」でどうにかしようとしているんです。

そうじゃないんです。私たちは最初から受け身なんです。「事実」と一体になって活動している体をよく見ていけばわかります。

たとえば、見るもの、聞こえるもの。

気がついたときには目がものをとらえたあとで、もう〝見えちゃって〟いるんです。

私たちがどうこうできることではありません。音や声も同じです。においだって、味だって、感触だってぜんぶそうです。向こうから勝手に入ってくるんです。テレビがつけっぱなしだったら、勝手に音や映像が入ってきちゃうんです。

私たちは、このように「すでに入ってきていること」を、あとから気づくことしかできません。「見えた」というのは、目はとっくにとらえていて、あとから意識が「見えた」と気づいた結果なんです。

ゆだねるもなにも、体の機能というのは、「事実」が現れたときには、頭が「考える」前に、もうとっくにゆだねちゃっているんです。これが毎瞬毎瞬そのように起きています。言ってみれば、〝ゆだねっぱなし〟なんです。すべてがそのようになっているんです。

ゆだねてしまおうとか、まかせてしまおうとかではなくて、すでにゆだねてしまっているんだよ、ということに気づくのが大事なことなんです。

それを実感することによってはじめて「〝頭で考えた〟ゆだねる」ではない、「〝自然に起きた〟ゆだねる」が現れてくるんです。

質問 42

「あるがままに」というのはどういうことでしょうか？

むずかしく考えないでくださいね。現れた「事実」をそのままに受け取るということです。手を加えず、そのままを受け取るということ。雨が降ったら、雨が降ったようにすごす、そんなことです。なんで今日に限って降るんだとか、嫌だなあといった解釈を加えずに、ただその「事実」だけを見るということ、感じるということ。

表面的にはそれだけのことなんですけど、じつはここにちょっと大事なポイントがあります。

「事実」は「全体」の分身だということを思い出してください。つまり「全体」はいつも「事実」をつうじて、私たちに接触してきているんです。これは、多くのみなさんが「真理に触れたい」と願っていることそのものなんです。雨をそのままに感じるっていうことは、「全体」とぴったりくっついていることなんです。

「あるがままに」というのは、「全体」の分身である「事実」を「事実」そのままに

感じるということなんです。雨が雨以外のなにものでもないと感じることなんです。それしかない現れであると感じることなんです。

目の前に現れた嫌なことを頭で「考えて」、がんばって受け入れるとかそういうことじゃありませんからね。それは、あるがままでもなんでもありません。おもいっきりねじ曲げて受け止めようとしていることです。「考え」でどうにかすることじゃないんです。体がとっくに受け入れちゃっていることを、「ふむふむ、そうなのね」とただ感じることなんです。

質問
43

ものごとの判断をしなければいいのでしょうか？

答えは、「はい」です。でもちょっと誤解が生まれやすい部分がありますので、説明させていただきますね。

「判断」は、多ければ多いほど自分を苦しめます。まわりの人も苦しめます。だって、いつも「あれはだめ、これもだめ」って自分にも他人にも言っているわけですもんね。

ですから、たしかに「判断」がなければ、そこに苦しみは生まれません。たとえば、他人から何か嫌なことを言われたときに、「これは嫌なことでもなんでもない、ただの文字列である、ただの声である、ただの音である」って思うことができたら、「嫌だ」っていう気持ちは生まれません。そこに苦しみは生まれません。

でも、まあ、ふつうはそんなふうにはなりませんよね。そう思おうとするより前に、「判断」は自動で現れてきてしまいますから。そして、「嫌だ」も勝手に現れてしまいます。

ここで「判断をしないようにする」と考えるのは、すでに起きた「嫌だ」もひっくるめて変えようとすることであり、これはどう考えてもちょっと無理があります。「判断をしない」っていうのは、「考え」の上でどうにかしようとすることじゃないんです。「判断をしない」という〝働きかけ〟をすることじゃないんです。これはストレスになります。

「判断をしない」っていうのは、「判断をしない」っていうことが思い浮かびもしない状態のことを言うんです。〝完全なスルー〟です。ですから、ほんとの意味で「判断をしていない」が起きているときは、そのことに気づけないんです。

人の活動というのはそんなふうになっているんです。「自分がいない」だって「いない」瞬間には気づけないんです。あとから思うことしかできないんです。「一つになった」もそう。「無を体験した」もそうなんです。ノンデュアリティの〝思考のない〟状態のそれが起きているときには、そのことに気づくことができないんです。

でも、「判断をしている」は二元の思考のなかのことですので、気づくことができます。自分がいつもどれだけ「判断」をしているかということに気づくお遊びを第二部にご用意しましたので、あとで楽しみながらやってみてください。

「ああ、自分ってこんなにいつもいつも判断をしていたんだ」ってびっくりしますよ。笑えるほどに。しかも、それが、よく見たらどうでもいいような判断基準だったりするんです。

質問
44

今この瞬間の事実のなかにいれば、そこには幸福しかないとか、不安も恐怖もないということがピンときません。

「この瞬間の事実」とは、たとえば、街のなかでふいに自分の名前を呼ばれ、振り向いたその一瞬のことです。「誰？」という考えも浮かぶ前。名前が耳に聞こえたまさにその瞬間のことです。空を見あげた瞬間、「青い」とか「広い」とか「高い」とかそんな言葉が浮かぶ前の「見えたまんま」の空を目がとらえた瞬間のことです。

この一瞬のなかに苦しみや悩みなどあるわけがありません。この瞬間がつぎつぎに現れては消え、現れては消えているんです。

「この瞬間の事実」は、つねにそういうふうに現れています。ものが見えたその瞬間、名前も出てこない瞬間です。ものの音が聞こえて、その名前が出てこない瞬間。

たとえば、玄関のドアを開けたら強い雨の「ザーッ」という音が耳に入ってきたとき、その「ザーッ」だけがあって、「雨」が思い浮かばない瞬間があるんです。

でも、ふつうはこんな瞬間を感じて日々をすごすなんていうことはできません。ただ、こういう瞬間があるということを知っておいていただければ、とりあえずはオッケーです。おバカな頭はわからなくても、「体」はこれをちゃんと知っていますから。

私がいつも言っている「事実」は、もう少しだけゆるく見たものです。この雨のお話なら、「強い雨だな」くらいのところ。「嫌だ」とか「濡れるなあ」といった思考が思い浮かぶ前のところです。その部分とつきあっていくことがノンデュアリティとなかよくなっていくことなんです。

ここに幸福を感じるというのは、残念ながら頭でいっくら考えてもわかりません。「事実」とつきあっていったときに自然に現れてくるものなんです。

質問
45

頭のなかでいろいろな話がごちゃごちゃになって、矛盾だらけになってしまっています。いろいろな人の話を聞くことはいいことですか？それとも、一人の話に絞った方がいいのでしょうか？

どんな話でも、それはその瞬間その瞬間のことだということです。過去に聞いた話は、ないものとして聞く必要があります。古い知識はどこかにしまった状態で別の話を聞く必要があります。

たくさんの知識が積み重なって、気づきが起きたり、楽になったりするわけではありません。その瞬間の言葉が響くかどうかだけなんです。その瞬間の話だけに集中した場合、「矛盾」というものは発生するはずがないんです。その話しかないんですから。

たとえば、カルマはあるっていう話を聞いた五分後に別の人から、カルマはないっていう話を聞いても、そこに矛盾はないんです。その瞬間に入ってきた言葉がすべてなんです。そのときに「ある」ものがすべてなんです。そのときに、「はっ」とするものがあるかないか、それだけの話なんです。

矛盾っていうのは、二つの別の時間に現れたことを持ち出してきて、比較して、あぁだこうだと「頭」が騒いでいるだけのことなんです。「事実」を見てください。耳はそんなふうに活動などしていませんよ。今のことしか聞いていません。

そのような聞き方ができるならば、どれだけたくさんの人の言葉を聞こうと、違う意見を聞こうと関係ありません。関係があるのは、その機会が多いか少ないかであって、それが大事なことなんです。頭のなかでいろいろな「考え」を混ぜ合わせたりしないことです。

「以前に、ある人から聞いたことはこんなことだった。それとこれはどう関係しているんだろう？　どう整合性をとればいいんだろう？」なんて。

まったく無駄なことです。混ぜ合わせないこと。その瞬間その瞬間なんです。

たこ焼きと、アイスクリームと、ブルーチーズと、コーヒーをぐちゃぐちゃにかきまわして食べたら、ひどいことになるんです。別々に食べなくちゃおいしくないんです。

バッハの室内楽が鳴っているところに、ベートーベンの交響楽が飛び込んできて、さらにそこにビートルズのヒットナンバーがメドレーで流れてきたら、どれ一つとしてまともに聞き取ることなんてできませんよね。

バッハの室内楽を聴くときは、ほかの音楽は消さなくちゃ。ビートルズのヒットメドレーを聴くときは、前の音楽はちゃんと消さなくちゃね。そういうことです。

誰か一人に絞るとか絞らないとかのお話じゃなくて、「聞き方」の問題なんです。その瞬間に入ってきた知識や情報をそのままに受け取るかどうかのお話なんです。今そこに現れていることしかないんです。

質問
46

一つの思いにとらわれてしまい、そこから動けなくなってしまうことがよくあります。嫌なことを言われたとか、過去の後悔とか……。

「事実」をよおーく見てください。「思い」は、ふっとわきあがります。私は、「思考」が現れるようすを、よく「野生のイルカのジャンプ」にたとえてお話をしています。野生のイルカはいきなり飛びあがります。ピョンと。どこから飛び出すかわかりません。ピョンと。あっちで飛びあがったかと思えば、こっちでピョン。こんどは向こうでピョン。そして、海に消えます。飛びあがった形跡などどこにも残さずに、あとかたもなく消えます。飛びあがったようすを残しておくことなどできないんです。消えるんです。そこには静かな海のようすがあるだけです。

飛びあがったイルカは、誰のものでもありません。あなたに向かって飛びあがったのでもありません。あなたのために飛びあがったのでもありません。あなたを苦しめ

るために飛びあがったのでもありません。

「思考」と同じように「事実」もまさにこんなふうになっています。ピョンと出てきては、消えていくんです。とどまっていません。とどまることなどできません。つぎつぎに新しい「事実」が飛び出してきます。

どんどん移ろっていく「事実」とだけつきあってください。がんばらずに、肩の力を抜いて、ゆるっとつきあってください。それが私たちの本来の生き方なんです。「体」はそのように活動しているんです。「体」は現れてくることにそのまんまに反応して、そのまんまに活動しているんです。言われた嫌なことを、耳は今はもう聞いていませんｊ。耳はもう違うものをとらえていますよ。そのことに気づいていてください。

それと、過去にあなたが自分で判断して何かをやったということは一つもありません。すべてが自動で起きました。後悔するような何かをしてきていないんです。そのことに気づいていてください。

忘れないでください、あなたはどうやってもまちがえようのない道を歩いているんです。

質問
47

何かしらの気づきを得るのに、たとえばセッションなら、何回ぐらい受けたらいいのでしょうか？

回数によってどうこうというものではありません。

気づきそのものは、いつも「突然」なんです。何かの積み重ねによって起きるものではありません。たくさんの学びを重ねた結果だとか、瞑想をたくさんやってきただとか、そういうことではないんです。つねに「突然」です。

もちろん、前兆のようなものがある場合もあります。私がそうでした。どうも自分が行動にかかわっていないらしいということがモヤモヤしたままの半年ほどがあったり、ぜんぶではないんですけど、ある特定の欲みたいなものが突然、ごっそりはげ落ちてしまったりということが起きました。そんな前兆らしきものもありますけれども、気づきそのものは「突然」なんです。

セッションなどは、積み重ねではなくて、その「突然をうながす機会」だということなんです。それは多い方がいいに決まっていますけど、積み重なってどうこうということではないんです。

ですから、たった一度のセッションで、「ああ、そういうことだったのね」と気づきのようなものが現れることだってあるわけです。

この「積み重ねではない」っていうところが一筋縄ではいかないところなんですね。まじめにコツコツやっていけばいいということとは違うわけです。突然、ポコッと現れるんですから。

本を読んだりブログを読んだりするのも「機会」の一つになります。ですから、何度も読み返したりすることはとても大事なことです。それだけ「機会」が増えるわけですから。

でも、これらも「知識」を増やすために読むのではありません。理解するために読むのではありません。その文章やある言葉を目にしたときに「はっ」とするものがあるかないか、それだけなんです。それは、人によって、またそのときそのときによって何が引き金になるかは誰にもわかりません。

知識がまったく必要ないと言っているのではありませんよ。少なくとも土台になるようないくらかの知識は必要です。まったく何も知らないのでは、話がつうじませんからね。

でも、その土台をずっとつくりつづける必要はないんです。いったんある程度の土台ができたら、もうそこから離れていいんです。

また、「知識」には、何か実感があったときにそれを見逃さないという大事な役目もありますから、それはそれで必要なことです。でも、その「知識」に振りまわれてしまうのは、違いますよということです。

質問
48

「自分」という存在が不安をつくっているようにも感じるし、不安があるから「自分」が出てくるようにも感じます。どっちなのでしょうか？

ぜーんぶ捨てちゃってください。ぜーんぶ「考え」のお遊びです。必要のないことです。

自分〝らしきもの〟も、不安〝らしきもの〟も、どちらもただの「思考」です。ただそこにひょっこり現れただけのものです。

そもそも「自己」みたいなものは、「ああ、疲れたあ〜」なんていう思考とまったく同じものなんです。「ああ、疲れたあ〜」に、いちいち名前をつけてそれについて考えたりなんてしないでしょ？　そういうことです。

もしそれについて考えたいなら、こうしてみてください。

「考える」ではないんですけど、

その「自己」とか「不安」のようなものが、「五感」のどこにあるか、どこで感じるのかを探ってみてください。目、耳、鼻、舌、体の感覚のどこにあるか探してみてください。

五感で感じ取れるもの以外は、すべて「思考」です。「五感」だけがリアルだということを忘れないでください。さあ、どこにあるでしょうか？

質問 49

ノンデュアリティというものがなんとなくですけど、少しわかってきたような気がしてきたと同時に、虚無感のようなものも感じています。

わかります。「自分には何もできない」だとか、「結局、何も起きていない」だとか、「完全な無」だとか、「ただただ静寂しかない」といったことに圧倒的な無力感、虚無感が現れることがあります。

今、あなたは、このますますむともっと強い虚無感に襲われるのではないだろうか、なんて考えているかもしれません。「ちょっとわかりかけてきただけで、こんな虚無感なんだから」と。

でもご安心ください。ノンデュアリティの終点がそういうものだということではありませんから。そのままでだいじょうぶです。あなたは、まだ「事実」とちゃんとなかよくなっていないんです。あなたがなかよくしているのは「思考」です。思考の世界をさまよっているんです。「ノンデュアリティがわかってきたらしいという思考」となかよくしているだけなんです。

ノンデュアリティは、ちゃんと見えてくると、ほんとにあたたかい感覚だということがわかるんです。

でも、あなたが今、虚無感に包まれているのなら、それを否定する必要はありません。「ああ、今それが現れているのね、はいはい」と軽く流してあげればいいんです。ただそれが現れている、それだけのことなんですから。

虚無感を抱えたまんまますすんでください。なーんにも問題はありません。どんどん新しい「事実」が現れてきています。事実、事実、事実と、事実ばっかりになっていったときに、いきなり視野がパーンと広がります。「完璧」ということの本当の意味を実感します。「理解」ではありません。胸の奥からじわっと現れてくるんです。

そのままますすんでだいじょうぶです。なんにも問題はありません。ただ「事実」とつきあってください。「体」は誰に言われなくてもそうしていますよ。「体」のなかに虚無感はありません。あるのは「頭のなか」です。放っておけばいいんです。

ノンデュアリティは、そんなもんじゃありませんよ。本来の姿が見えてきたとき、あなたは自分が今までどれだけ重い荷物を背負っていたかを知るでしょう。ですから、安心してそのままますすんでください。だいじょうぶですから。

質問 50

一日もはやく幸せになる方法を教えてください。

直球ストレートな質問！　だいぶお急ぎのようですね（笑）。

お答えします。

理屈としてはとても簡単です。

望みがなくなれば、その瞬間に幸せになれます。求めるものがなければ、完璧な幸せを味わえるんです。今いるこの場所に満足し、ほかに行きたいと思いもしなければ、もうその場で最高の幸福を得ることができるんです。

ところが、これがなかなかできないわけです。ほしいものはたくさんあるし、もっといい生活がしたいし、かなえたい夢だってあるし、あの人みたいになりたいし、もっと痩せたいし。せめてお腹だけでもいいから、って。これがなくならないんです。このご質問だって、幸せになりたいっていう「願望」なわけですからね。

でもじつは、求めるもののない幸せの瞬間を、私たちはよーく知っているんです。いつも味わっているんです。

どんなときかっていうと、たとえば、おいしいものを満足いくまで食べたとき、「とりあえず今はもうじゅうぶん」というときがそれです。ずっとほしかったバッグを買ったそのとき。家のローンの審査がとおったとき。入学試験に合格したとき。私たちは「何も求めていない」瞬間を味わっているんです。そして、私たちはつねにそれを求めてさまよい歩いているんです。

なぜさまよい歩くのか。

これらのものがすぐに消えてしまうからです。ほんのわずかな時間しかつづかないからです。数秒ほどのものだったりします。すぐに違う欲が現れたり、不安が出てきたりしますから。

だから、つぎの満足、つぎの満足、もっと上の満足と探し求めていくわけです。突きすすんでいくんです。そして、一瞬、それを味わう、消える。つぎを探す、味わう、そしてすぐに消える。そしてまた突きすすんでいく。エンドレスなんです。

では、どうしたら、このような「モノを得たときの一瞬のはかない幸せ」ではない本当の幸せを得られるのでしょうか。しかもできるだけ早く。

これね、頭でどうにかしようとしてもできないんです。求めるものがなくなればいいって言ったって、まずできませんものね。

「体の感覚」を通じて「事実」を感じていくことしかありません。そのためのちょっとした〝お遊び〟をここまでにたくさんお話ししてきました。読むだけで素通りしていた簡単なものをあとでやってみてください。「上を見たら天井が見えるでしょ？」と書いてあることを実際にやってみてください。たしかに天井が見えることをその目でしっかり確認してください。思いがけないおもしろい発見があったりしますから。

一万円札をじっと見てみる。一万円札そのものが見えるでしょう。あなたのなかに一万円札が完璧に映し出されているでしょう。花を見たら、その花があなたのなかに完璧に映し出されているでしょう。何一つ欠けたものがないでしょう。花が風にゆれるようすが、何一つ欠けることなく完璧に映るでしょう。日常で目にするさまざまなものが、完璧に現れていることを実際に感じてください。日常のなかにどんどん取り入れていってください。

私たちの「体」がつねに「全体」の分身である「事実」と一体になって活動をしていることを感じてください。

あるとき、いつからそこにいたのか、〝消えることのない幸福感〟が、あなたの横に姿を現していることに気づくでしょう。

ひたすら『バタ足』です。バシャバシャやるだけです。それが最短かつ最良の方法です。

＊　＊　＊

さて、多くの方がよくぶつかる壁だったり、疑問だったりするものをご紹介してきました。いかがでしたでしょうか？　あなたが知りたかったことはありましたでしょうか？

つぎは、苦しみが〝自分らしきもの〟と直結してしまって、つらい状況にあるみなさまからのご質問をいくつか取りあげました。

言ってしまうと、どれも、ぜーんぶ「思考」がつくり出しているだけなんですけどね。

ということで、『私、つらいんです編』です。どうぞ。

ぜーんぶ「思考」の
つくりもの。

私、つらいんです編

質問 51

人からどう思われているかが気になって仕方がありません。こう思っているのではないだろうかとか、あんなことを言って大丈夫だっただろうかとか。

たしかなことは、ぜーんぶあなたの「想像」にすぎませんよ、ということです。要するに、〝つくりもの〟なんですね。

こういうのを心理学的に扱ったりすると、きっとあれこれあるのでしょう。こどものころの親との関係に原因があるとか、自己肯定感が云々、承認欲がどうだとか。そういった「心の問題」にしないことです。

「事実」をきちんと見てください。「事実」とは、私たちの体の機能がどのように働いているか、です。それだけなんです。それがすべてなんです。

私たちは、体の感覚をとおしてしか世界を感じることができません。体の感覚をとおしてしか他人を感じることができません。その感覚をちゃんと見てみましょう。「感覚」に耳を澄ましてみるんです。

そうしていくと、「事実」には悩むようなことなど何もないことがわかるんです。

「気になって仕方ない」、そのような気持ちを維持する機能は、「体」にはないんです。深刻さみたいなものを維持する機能は「体」にはないんです。おバカな「頭」だけがそんなことをやっているんです。

もっと単純かつ根源的なお話もしちゃいましょう。

「気になって仕方がない」のなら、「気になって仕方がない」という「思い」が、そこにポコッと現れただけです。「こう思っているのではないだろうか」が、ただ現れただけ。「あんなことを言って大丈夫だったただろうか」が、ただ現れただけです。このとき、「体」を見てみてください。何か起きていますか？　おそらく何も起きていないんです。それが「事実」なんです。

だから、何が現れているように見えても、「思考」の上で現れているだけなんです。

だいじょうぶなんです。ぜーんぶただの「思考」なんですよ。頭のなかに現れていることにすぎないんです。「事実」と「思考」のどちらとつきあっていけばいいいか、明白ですよね。

質問
52

たくさんの後悔があって、自分を責めてしまいます。ノンデュアリティでは、自分は何も選択をしていないということが言われます。本当にそうなのでしょうか？　そうであるなら私もいくらか救われるのですが……。

「何も選択をしていない」というのはまぎれもない「事実」です。私たちは、自分の意思で何一つ選んでいません。判断も、行動も、何もしていません。すべてがそう現れるように条件が完璧にそろって、それしか絶対に現れないものがそのように現れています。そこに私たちがかかわることはできません。

「そうだ、今日はこっちの道から帰ろうっと」

これ、自分で決めたように思いますよね。でも違うんです。あなたの思いつき、あなたの判断ではないんです。

ランチをかつ丼にするか、カレーにするかで迷った結果、かつ丼にしたとき、それはかつ丼を選ぶようにすべての条件がそろってそのように現れたんです。

もっと重要なことだってそうです。転職をする、家を買う、結婚を決める。何一つ、あなたはかかわっていません。かかわれないんです。

こんなこともあるでしょう。怒りにかられて、大切な人についひどいことを言ってしまった、傷つけてしまった。たまたまあの時間に、あそこに行ったから、あんなことになってしまった。

あなたがどう考えようと、そのようになるようにすべての条件が完璧にそろっていたんです。完璧に。そのとき、ほかの「事実」はどうやったって現れようがなかったんです。

あのとき、部屋のドアの鍵をかけるときに鍵を落としてしまって、ほんの数秒手間どっただけで「あんなこと」は現れなかったんです。ふと空を見上げて、「雲が怪しいな。傘を取りに戻ろうか……」と考え、ほんの一瞬立ち止まっただけで、そのあとの現れはまったく違ったものになっていたんです。

こんなことを私たちがどうにかできると思いますか？

私たちは、こんな「事実」がつぎつぎに現れてくるなかで生かされているんです。風が吹いて、海の波が荒れることは、あなたの責任じゃないんです。あらゆることがそうなんです。あなたが気にかけ、後悔しているできごとがどんなことであろうと、それとまったく同じなんです。

あなたは、どんなやり方で歯をみがいていますか？

歯ブラシの持ち方はどんな？

横にブラシを動かす？

一本一本、歯と歯ぐきとの際をていねいに？

何でもいいから、テキトーに歯ブラシをめったやたらに動かす？

朝と晩？　お昼のあとも？

コップを使う派？　使わない派？

歯みがき粉の種類はどんな？

メーカーは？

それは、あなたが決めましたか？

「そうですよ、当たり前でしょ。私が決めましたよ」と言われるかもしれません。でもね、あなたが決めたんじゃないんですよ。何一つ決めていないんです。

みがき方だけを見ても、よおーく見たらわかります。自分じゃない何かからの働きかけで、今のあなたのやり方が決まっているんです。小さいときに親から教わったのかもしれません。幼稚園のときに先生に教えてもらったのかもしれません。少し大きくなって、お友だちから聞いたみがき方かもしれません。おとなになってから歯医者さんで教わったのかもしれません。そもそも、その歯医者さんに行くようになったのも、あなたが決められるようなことじゃないんです。

「でも、何かのきっかけがあったにしても、それを最終的に選んだのは、やっぱり自分ですよね？」

そんなふうに思いますか？

では、「よし、これにしよう」と思った考えは、どこから来ましたか？　どこからともなく現れてきたんじゃないですか？

あなたじゃないんです。

出どころは一つ。「全体」からなんです。あなたの手などおよぶべくもない「全体」からポコッと現れてきたんです。

あなたは何も決めていません。あらゆることがこのように、あなたなしで現れているんです。すべてが自動なんです。あなたが何一つコントロールしていないなかで、ずっとそのように生きてきているんです。

「ああ、あのとき、なんであんなことをしちゃったんだろう」

「あっちを選んでさえいたら」
「やっぱりやめておけばよかったんだ」
「どうして思い切ってやらなかったんだろう」

こういった後悔は、どう考えても成り立たないんです。後悔をしても仕方ない、というお話じゃありません。自動で現れてきたことをあなたが後悔するのはおかしいですよ、というお話なんです。

すべてが自動で現れているんです。あらゆることが、です。例外は何一つありません。ふと髪をかきあげる動作でさえ、自動なんです。あなたの意思じゃないんです。ほんとにあなたは何一つやっていないんです。

質問
53

過去はないといくら言われても、後悔にさいなまれるあの出来事がなかっただなんてとても思えません。

これも過去への後悔でよくあるご質問です。少し違う切り口でお話ししましょう。

あのとき、そのできごとはたしかにあったのでしょう。「あのとき」には、です。

それがなかったと言っているのではありません。

でも、「今」ではありません。「今」ここにあるのは、「あのときの記憶」です。そして、あなたは、その記憶を「感情」といっしょにしてよみがえらせています。感情のくっついた記憶です。

「事実」には感情はくっついていないんですよ。「頭」が勘違いしているだけなんです。

そして、

「事実」はどんどんすすんでいます。とどまることなくすすんでいきます。「体」はその「事実」といつも一体になってすすんでいるんです。

私たちの体はつねにそのように活動しています。何かにとどまっているということがありません。何かをよみがえらせるということもありません。ただただ現れてくる「事実」だけを感じて、完璧に活動しています。

雨を雨そのまんまに感じます。そのまんまに見えます。そして、目をつぶると雨は消えます。それが「事実」。これがじつは驚きの連続なんです。奇跡の連続なんです。「感情」や「考え」とはまったく違う場所にあるこの「事実」には、いっさいの重さがありません。ただただ軽い。後悔や悩みなど、どこにもくっついていないんです。それは「頭」がつくりだしているものにすぎません。

私が言っているのは、「過去はない、過去はない」と思い込むようなことではありません。それは「考え」です。残念ながら、そこに光はありません。「体の感覚」をとおして、「事実」はそのようになっているよ、ということを実感していただきたいんです。

「体」は無口なので、向こうからは言ってくれません。でも、こっちから聞いたら、

ほんとのことをちゃんと教えてくれるんです。

「体の感覚」を感じてください。「事実」が淡々と、今、今、今と現れてくることを感じてください。私たちは、〝そこ〟でしか生きていないんです。手のひらを見てください。手のひらを見ていなかった「事実」はもう消えて、どこにもないんです。「事実」は何も持ち越したりしていないことを感じてください。だから新しい「事実」がクリアに現れることができるんです。こんなにも完成された世界に、私たちは生かされているんです。

もし「事実」が「頭」と同じようにものごとを持ち越したら、たいへんなことになります。前を向いていて、横を向いたのに前の景色を持ち越していたら、ごちゃごちゃで何もまともになど見えません。音だってまともに聞こえません。一歩も動けなくなってしまうでしょう。「頭」がそうなんです。いろんなものを持ち越してごちゃごちゃになって動けなくなってしまっているんです。

私たちには、そうじゃない「体」があるんです。「体」が私たちをちゃんと導いてくれるんです。「事実は過去なんか持ち越していないよ」と、ちゃんと教えてくれるんです。耳を傾けてみてください。尋ねてみてください。

質問 54

お金の悩みが絶えません。ノンデュアリティでお金の問題は解決しますか？

お金は、生きていく上で絶対に必要なものです。生きていく上で最低必要な額がないとつらい思いをします。社会から疎外された気持ちになります。

私たちの日常にうるおいを与えてくれるもの、人生を楽しくしてくれるもの、欲求をかなえるために有効に働いてくれる道具という側面もありますから、これが不足すれば、人生そのものがつまらなくなったりもするわけです。

ただ、この人生というものは、厚い壁に囲われた「牢屋」みたいなもので、このな

かをどれだけ豪華に飾り立てても、モノで埋め尽くしても「本当の満足」は生まれないんです。

それが、「お金と幸せは別だよ」などと言われるところなんですけれど、そんなことを言われたって、実際に苦しいときは、「はい、そうですね」とはなりません。「お金なんて究極的には思考の産物にすぎない」なんて言われても同じです。目の前に払うべき請求書や督促状があるかぎり、幻想だなんて思えるわけがありません。「頭」ではどうにもならないんです。

お金にかぎらずあらゆる問題は、「思考」がつくっています。問題をどうにかしたいなら、「思考」から離れることが、唯一のやるべきことです。それ以外にありません。「思考」が走り出したらぶった斬る、走り出したらぶった斬る、ということをくり返すことです。「考え」に行かないことです。

お金とは一見関係ないように見えるこの作業をただつづけていくと、胸の奥から「あ、だいじょうぶ……かもしれない……」みたいなものが、ふっとわきあがってくる瞬間があるんです。これは、頭の「理解」から生まれるものではありません。頭で考えて、督促状を目の前から消すことなんてできませんし、差し押さえの通告状をないものにすることなんてできませんから。

そうではなくて、思考から離れ、ノンデュアリティの「静寂」にくり返し触れることによって、二元の世界の見え方が、ふっと変わるんです。そのときに、同じ状況なのに、その感じ方がまったく違うものになるんです。お金の概念ががらりと変わるんです。お金とそれにまつわるあらゆるものの見え方が変わるんです。スーパーの値札が今までと違って見えます。デパートのようすがまったく違って見えます。高級車がただの移動の手段に見えてくるんです。残額わずかとなった預金通帳が違って見えてくるんです。

人の見え方だって変わります。つきあい方だって変わってきます。

それまで大事だと思っていたことがひっくりかえったりするんです。何が大事なことなのかが見えてきます。

何が大事かなんて人それぞれだと思いますか？

それは、二元の目で見た「考え方」です。大事なもの、それは万人共通なんです。

それをノンデュアリティが教えてくれるんです。

質問 55

どうしても許せない人がいます。それでもこのような学びではやはり許すべきなのでしょうか？

いいか、わるいか、許すべきか、許すべきでないかを考えても意味はありません。

わるいと知って、「はい、では許すことにします」ということができないから苦しんでいるわけでしょうから。

「事実」はこうなっています。

許せない人は、あなたが思ったときだけあなたのなかに現れます。そして消えます。

恨みも、あなたが思ったときだけあなたのなかに現れます。そして消えます。あなたが寝ているとき、許せない人は存在していません。あなたが寝ているとき、恨みは存在していません。

すべてはあなたが思ったときに現れ、消えていきます。それは自動で起こります。それが現れるならどうやっても現れます。自動でそんな思いがたまたまポコッと現れただけなのね、と実感できたとき、あなたのなかにはっきりとした変化が現れます。

許すも何も、そんなことを自分の力でどうにかすることなんて絶対にできないのだ、ということがわかるんです。

そして、あるとき気がつくと「許す、許さない」自体が消えているんです。

もう一つ起こり得ることは、「すべては自分のなかに現れている〝印象〟であって、この世界には自分一人しか存在ができない」ということが実感されたとき、

許せない相手そのものが消えるんです。

これはちょっとハードルが高いかもしれませんけれども、「そういうこともあるのね」と頭に入れておいてくださいまし。

質問 56

よく「もっと自分を愛してあげなさい」ということが言われますが、私は自分のことがどうしても愛せません。

あらあら、なんという大いなる勘違い。二つのまったく違う視点からお話しします。

まず一つめ。

何も心配なんてありませんよ。あなたは自分をとても愛していますから。しかも、かなり。

自分を愛していない人が、このようなノンデュアリティやスピリチュアリティに関心を持つはずがないんです。何か救いのようなものを求めている証拠なんです。それは自分が大事だから。自分を愛しているからなんです。自分のことを愛していなかったなら、自分がどうなろうと何とも思わないんです。

逆ですよ。自分のことがすんごく大事なんです。ですからその点はご安心ください。

問題は二つめです。

そもそも愛するとか愛せないとか、その「自分」とやらはどこにいるのかというお話です。

記憶のかたまりみたいなもののことを言っているのだとしたら、こんな顔をしていて、こんな体つきをしていて、こんな環境で育ったとか、こどものころはこうだった、ああだった、今はこんな仕事をしていて、こんな家族を持っていて、こんな経験をしてきて、こんな考えを持っていて、などなど。

でも、ご質問の内容から見て、どうやらスピリチュアルのお勉強をなさってきたらしいあなたなら、「自分」というものがこのようなものじゃないということを知っていらっしゃいますよね。

だとすると、あなたが言っている「自分」ってどんなものなのでしょう？

私はみなさんに、よくこのようにお話ししています。「自分」なんていうものはドーナツの穴みたいなものですよ、と。


記憶がドーナツ本体。中心には穴がありますね。その穴が「自分（であろうもの）」ですよ、と。あるように見えるんですけど、本体を食べてしまえば、「自分」なんて最初からなかったことがわかるんです。


それを愛するって、どういうことですか？　というお話なんですね。

できないでしょう。ほんとはない「穴」を愛するなんて。

目の前のドーナツを眺めてあれこれ考えて悲しんでいるんじゃなくて、食べちゃいましょうよ。出てきたら食べる、また出てきたら食べる。そのうち出てこなくなりますから。

じゃあ、記憶を食べちゃうってどういうことかっていうと、記憶の存在しない〝今〟

を感じてすごすっていうことなんです。それは、「体」が教えてくれるんです。愛するとか、愛さないとかいう「自分」なんていう「個」はないんです。あるのは、もっともっと大きな「安心」ですよ。

質問
57

身近にとても嫌な人がいます。その人も、ただそのようになっているだけなのでしょうか？

そうです。その人はそうなるようにすべての条件がそろって、完璧なかたちで現れています。あなたにとっては残念なことかもしれませんけど、変えることなどできない完璧な現れがずっとつづいてきて、今そのようになっています。これからもそれがひたすらくり返されていきます。

でも、これは、今のような状態がずっとつづいていくということとは違います。ここが勘違いされやすいところなんです。

「全体」ではすべてが完璧にそのように決まっていることでも、私たちからすると、一秒先にどうなるかわからないんです。何が現れてくるか、私たちには絶対にわからないんです。

ある日、その人が心を動かされるような映画か何かに出会い、いきなり変わるかもしれません。友人などから「この本を読んでみて」と言われて読んだ本がきっかけになって何かが変わるかもしれません。誰がどんな本を選ぶかもわかりません。マンガかもしれません。ビデオかもしれません。それをするのはあなたかもしれません。

本人がそれを読むかどうかもわかりません。いつ読むかもわかりません。けれども、それらもすべて現れるべくして現れていきます。それしかない完璧なかたちで現れていきます。

その人は、あなたから見て、よくあんなことできるわねと思うようなことを平気でやるのかもしれません。でもその人は、あなたがどう思おうと、そのように行動することしかできないんです。もしあなたがその人になったとしても、一〇〇パーセント同じ行動になるんですよ。同じ親のもとに生まれ、寸分違わない人生を送ってきたら、同じ判断、同じ行動しか絶対にできません。逆らいようがないんです。

「ええーっ！　自分は絶対にあんなことはしません！」と思われるかもしれません。

でも、残念ながら、そうはなりません。

その人とまったく同じ考えしか現れないんです。そしてまったく同じ行動をするんです。

その人が変わるきっかけを、誰かがつくるかもしれません。でも、それも、現れるべきことが、それしかないタイミングで、そのように現れるだけなんです。すべてが自動です。

もう一つ。あなたは、自分のなかに浮かびあがったその人の〝印象〟に苦しんでいるんです。あなたのなかに現れているできごとなんです。「嫌な人」があなたとは別に存在していて、その人があなたを嫌な気分にさせているんじゃないんです。

あなたは自分のなかに映し出されたものに苦しんでいるんです。

その映ったものを「頭」でつかまえて自分でとどめているんです。よおーく「事実」を見てみてください。「五感」です。「五感」は、もう別のものを映し出しているはずです。私たちはその瞬間その瞬間に現れてくる「事実」をただそのままに受け止めて、つぎ、つぎ、つぎ、と新しい「事実」とつきあっているはずなんです。それが私たちの本来の自然なありかたなんです。さらに「事実」をよおーく見るとわかります。「嫌な」は、「思考」です。「五感」の現れのどこにも映っていないはずなんです。

質問
58

お金、健康、将来のことが不安で仕方がありません。

不安の正体は、〝不安であると思い込んでいる思考〟です。不安という実体はありません。ぬぼーっと現れた「思考」です。今、不安らしき思考が現れているなら、現れるがまんまに放っておいてください。どんどん出てくるでしょう。かまわずに放っておいてください。

「これからいったいどうなっちゃうんだろう」という思考が現れてくるでしょう。それが現れただけです。それだけのことです。噴水をぼんやり眺めているように、噴き出す「不安らしき思考」を噴き出すままに放っておいてください。

「でも……」という気持ちが噴き出してきたら、「でも……」が現れただけのことです。「そんなこと言われたって……」が噴き出したら、「そんなこと言われたって……」が現れただけのことなんです。

すべて「思考」がそのように現れているだけなんです。何か困ったことが起きているんじゃないんです。「事実」では何も起きていないんです。これが「事実」なんですよ。だから、だいじょうぶなんです。

＊　＊　＊

　ノンデュアリティの感覚がみがかれていくことで、大事にする「個」の自分というようなものはないことがわかってきます。「対象」がないことがわかってきます。「思考」を相手にする無意味さがわかってきます。すべてが自動で現れていることがわかってきます。そこに誰一人としてかかわれないことがわかってきます。今ここに現れていることがすべてだということがわかってきます。〝もっと素敵な場所〟はないということがわかってきます。

　このような気づきによって、苦しみは自然と姿を消していくんです。じわじわと。これは、ただただ「体の感覚」が教えてくれる「事実」とつきあっていくことによってのみ、そのように現れます。どれだけ「頭」で考えても解決することはないでしょう。「迷ったと思いこんでいる心」で「迷ったと思いこんでいる心」をケアすることはできません。

あなたのなかには、「五感」という〝すべてを知っている存在〟がいます。そこに戻ればいいんです。戻る、戻る、戻る。ザワザワしたら、戻る、戻る、戻る。それだけです。一人でがんばるのをやめて、〝すべてを知っている存在〟にまかせてしまいましょう。重ーい荷物はさっさと下ろしちゃってください。

さて、ここからは、Q＆A最後のコーナーとしまして、お勉強とはあんまり関係ないかもしれませんけれど、おもしろい質問や、みなさんが興味のありそうなご質問をいくつか選んでみました。

そのあとに『バタ足実践講座』に入っていきますので、ここでちょっと息抜きです。少し頭を休めて楽しまれてください。

『おまけQ＆A』です。どうぞ。

少し息抜きしましょ。

おまけQ&A

おまけ 1

運命はありますか?

まず第一に、私たちが「体」を持って生まれてきて、「全体の一部」として、現れるがまんまに、自分の意思とはまったく関係なく活動しているということがあります。その活動を自分で選ぶことはできません。

たとえば、仕事を自分で選ぶことはできません。自分で選んだように思えても、それを選ぶようにすべての条件が、それ以上ないほど完璧にそろえられてそのようになりました。今このときもそのように動いています。すべてが自動で現れています。

オギャーと生まれた「体」に備わった役割を果たしながら、私たちは生きています。

その役割は、たとえば私の場合でいえば、どう考えたって、ハリウッド俳優の役割を背負って生まれてきたとは思えません。父と同じ役割でもない。この体にはこの体の役割があって、そのように現れています。何歳でこの人に出会うといったことが勝手に現れてくるわけです。これも自分で変えることはできません。

これを二元の視点で見れば、運命は「ある」とも言えそうです。

けれども、ノンデュアリティの視点から見た場合は、これらの二元のできごとは、**すべてがゲームのようなものとして映っているわけです。「何も起きていない」の上で、なんだかそれらしいことが展開されているように見えているだけなんです。**

この視点から見ると、運命みたいなものは、あってもなくても関係ありません。どっちでもいい。決まっていてもいなくても関係ありません。

いずれにしても、私たちは、ちょっとやそっとのことでゆらいだり、私たちが何かしたくらいで変わるようなヤワな世界に生きていません。何をやろうと壊れたりしない頑丈な世界にいるんです。だったら、何だって好きなことをやったらいいんです。だいじょうぶなんです。何も心配することなんてないんです。決まっていようがいまいが、好きなようにできるんです。

そんなことなので、これを「変えられない運命」みたいに呼ぶのは、しっくりこないというか、なんか違うように私には感じられます。重いなあと感じます。だって、二元の世界はゲームみたいなものなんですから。

私が言うゲームみたいなものというのは、スマホゲームやボードゲームのようなものとは違います。野球、サッカー、ラグビー、テニスといった「体」を張ったものをイメージしています。ルールを守りさえすれば、何をやってもいい。そして、結果を気にすることなくおもいっきりやることができて、そこに責任もかかってこない。こんなに気楽なことがあるでしょうか。「すべての責任は俺がとる」と言ってくれている監督の下でプレーをするようなものです。最高でしょ。楽しみましょう。

おまけ
2

気づきが起きても何も変わらないという人もいますけど、金森さんは変わりましたか？

私の場合は、一変しました。気づきらしきものがやってくる前の半年間ほど、「これ、自分がやってないよな……。勝手に体が動いちゃってるよな……。でも、そんなバカな」という日々をすごしたあと、ある日、まったく記憶のない空白を体験し、その何日か後からじわじわと押し寄せてくる気づきのなかで、「あっ、ほんとに、なんにもしてない！」と確信しました。

さらに、すべてがほんとに完璧に現れていること、微塵《みじん》も変えられないほど完璧な「事実」が毎瞬毎瞬現れていることを思い知らされました。あまりに完璧すぎて、まさにお手上げでした。

何もすることなどない、いや、何もできない、いや、最初から何もしていないじゃないか。

さらに、このなかで、自分は何をどうやってもまちがえようのない道の上を歩いているんだと知りました。まちがえてやろうと思ったって、まちがえられない。そのようにしか現れ得ないなかで生かされている。

いやいやいや、待てよ、そもそも最初っから何も起きていないよね、と。現実だと思っていたことが、思考のなかの現れにすぎないことを知りました。

何も起きていなかった――。

これで、生活が変わらないわけがありません。

あらゆることが〝オールよし〟で過ぎていくんです。

これもよし、それもよし、あれもよし。

それでもよし、そうでなくてもよし。

現れてもよし、現れなくてもよし。

ただゲームのように楽しむ！

「何も起きていない」が根っこにあるわけですから。

おまけ
3

金森さんがやっている瞑想を教えてください。

私がやる瞑想は一分ほどです。すっと座って、そのまま。そして、すぐに終わる。言ってしまうと、これだけなんですけど、ちょっと大事なこともあるので、説明しておきましょう。

まず一番にみなさんにお伝えしたいことは、「思考」をなくそうなどというのは、最初から無理な話ですから、おやめくださいね、ということです。「思考」は出っぱなしでいいんです。いくら出ていようとかまいません。「思考」をなくすんじゃないんです。「思考」があふれ出しているようすそのものが、「思考」のない状態なんだっていうことに気づくことなんです。それは、「五感」を見ていくことで感じられるようになります。

私がやっているたった一分の瞑想は、「五感」が今まさにどのように活動しているかを確認するだけのことなんです。要するに、「全体」の分身である「事実」と、しっ

かり向き合うということです。

この「向き合う」というのは、すべてが勝手に向こうからやってくることをただそのまんまに感じ取ることなんです。自分から〝つかみにいく〟ことではありませんからね。音が勝手に聞こえてくる。においが勝手にしてくる。そういうことです。

それを見ていくと、「体」は現れたものを保持などしていないことに気づくんです。瞬間瞬間に勝手に現れては、勝手に消えていくことが感じられるようになってくるんです。そういう「事実」の、みごととしか言いようのない完璧な現れを、ただじっと感じるんです。私の場合は一分でじゅうぶん。

私が長い時間をやらないのは、体の活動をじっと見つめるというよりも、みごととしか言えない完璧な体の活動を、「おはよう。今日もちゃんとそうなってるね」と確認する意味でやっているだけなんです。そうなっていないことはないので、確認するっていうのもおかしな話なんですけど、朝、顔を洗うのとおんなじで、やらないと気持ちがわるいわけです。それと、これは座っているときだけじゃなくて、一日のなかで気がつくと自然にやっている感じです。大げさな言い方ですけど、ふだんの生活と瞑想の境がないみたいな感じなんです。

そして、みなさんにお教えしたいのは、この「事実」をただ感じるという確認作業をやっていると、

この完璧な現れが「自分の体」に現れているんじゃなくて、ただ「感覚」だけがそこに現れていることに気づくということなんです。これが「主体なしに感覚だけがそこにある」というものなんです。

おもしろいですよ。よかったら、やってみてください。もし気持ちよくできるようでしたら、三分でも五分でも、もっと長くでも、ご自由にどうぞ。

おまけ
4

「引き寄せる」ということに関して金森さんはどんなふうに考えますか？

実際にモノを引き寄せるとか、夢を引き寄せるといったことは私にはわかりません。表面的にはあってもおかしくはないとは思います。

ここでは、もっと大ざっぱに「幸せを引き寄せる」ということで、ノンデュアリティの視点から少しだけお話ししてみようと思います。

ノンデュアリティの感覚がみがかれてくると、今現れているこれがすでに満ち足りているという感覚が高まってきますので、「今以外の場所」を求める感覚が薄らいできます。ああなってほしい、こうなってほしい、あれがほしい、これがほしい、もっとほしいというものが自然に薄らいできます。当然、それに比例して不満がなくなってくるわけです。経済的なことでも、人間関係でも、仕事のことでも、ご家庭のことでも、お子さんのことでもなんでも、状況が何一つ変わっていないのに不満が消えていくんです。

そんな満ち足り感が私たちに与えてくれるものが「幸福感」なんです。モノを得る・得ないで現れるものじゃない幸福感なんです。今以外のものを「望まない」感覚から生まれてくる幸福感なんです。

ノンデュアリティとなかよくなっていくことで、これが自動で〝引き寄せられて〟くるわけです。幸福感が自動で現れてくるんです。

「引き寄せる」ということについてのご質問なので、〝引き寄せられて〟と表現しましたが、実際にはどこか別の場所からやってくるわけじゃなくて、もともとそこにあったものが見えるようになるだけなので、〝ただ現れた〟という表現の方がしっくりきます。

ですので、ノンデュアリティ的には、引き寄せる云々じゃなくて、『自動現れの法則』とでも言った方がいいような気がします。どう？　だめかしら？

おまけ
5

ほんとにこれしか起こりようがなくてすべて完璧だったとしても、それをまわりの人に言っても、理解なんてしてもらえませんよね。それもなんだか虚しいなあって……。

ノンデュアリティのメッセージは、受け取る人をとくに選ぶメッセージです。その準備ができていない人には、まったく届きませんし、届けない方が賢明です。受け取る準備のできていない人にとって、ノンデュアリティのメッセージは、ときに嫌悪感をおぼえるメッセージでもありますから。

自分の方から、「知りたい」と思っても、突き放されてしまうようなメッセージなんです。

準備の整っていない人に、わざわざこちらから届ける必要はありません。というか、届けるべきではないんです。

こちらから押しかけていって「私の話を聞きなさい!」なんていうものじゃないいん

です。本当に必要になった人だけに、そっと教えてあげればいいんです。

ノンデュアリティの感覚を得ることによって、あなたが不動の安定感を持ったとき、まわりがあなたに自然と癒されるんです。安心するんです。

ノンデュアリティは本来、静寂なんです。沈黙なんです。言葉ではなくて、無言で伝わるものなんです。あなたがそこにいるだけで、まわりが癒されていくものなんです。

やがてあなたは、まわりと自分を区別しているものなどなかったということに気づくんです。

おまけ 6

金森さんは、腹が立って仕方がないということはないのでしょうか？

反射的に怒りがわきあがることはなくもないですけど、腹が立って仕方がないっていうのはないですね。怒りがわいても、基本、すぐ消えます。つづきません。

その理由は、この本を最初から読みなおしていただいてもいいですし、このあとの第二部でご紹介する実践に取り組んでもらえたらわかってくると思います。

そうそう、「反射的」で思い出しました。以前、こんなご相談がありました。「私、虫が怖くてしょうがないんです。ノンデュアリティでなんとかなりませんか？」と。笑ってはいけないんでしょうけど、思わず笑ってしまいました。虫に遭遇した瞬間の反射的に起きてしまう体の反応は、すぐにどうにかなるものではないでしょう。本能にかかわっていそうなことですもんね。

でも、そのあとの反応は、「思考」がつくりだしているものです。そこにかかわっていかなければ何かが変わっていくんじゃないでしょうか、とお答えしました。怒りもそうなんです。反射的にわきあがったものは、そのようになるべくして現れたんです。でも、そのあとのことは「思考」がいたずらをしているんです。感覚に触れていく『バタ足』の知恵や実践で、「思考」と距離を置けるようになってくれば、静まってくるでしょう。

それとは別に、こんなことも言えます。ちょっと大切なことです。

学びがすすんで、たとえば「対象がない」ということが本当に実感として感じられるようになったとき、

そこには誰もおらず、ただ「静寂」だけがあることを知ります。そこにドーンと腰がすわったとき、あらゆるものが自分の分身であることを知ります。そのときに、他人や生き物に対する思いというものが大きく変わるんです。見え方がガラッと変わるんです。

さあ、これですべてのQ＆Aが終了いたしました。いかかでしたでしょうか？　あなたのモヤモヤは晴れましたか？　一つ知ったがために、別の新しい疑問がわいてきたりしちゃって。疑問ってなくなりませんね。頭でごちゃごちゃ考えているかぎり。

でも、「体」は疑問なんて持ちませんよ。体はすべてをそのままに受け取ります。はじめて触れるものだろうと、どれほど複雑なものだろうと、あますところなく完璧に受け取ります。疑問を持ちません。

この疑問がないということが「悟り」であり、「幸せ」であり、「安心」なんです。体の感覚に触れていけば、それがわかります。目の前に今あることがすべてなんだということがわかります。それしかないんだということがわかります。

そうなったときに、目の前に現れたことがぜーんぶ「ああ、そうなのね」になるんです。

どうしてこうなの？

どうしたら変えられる？

なんで自分に？

これも「自分」があるから？

こんなことは思いつかないんです。ただ「ああ、そうなのね」なんです。

これが「ああ、もうどこにも行かなくていいんだ……」という安堵感なんです。

それでは、これまで学んできたことを実感できるようになっていくための〝お遊び〟をしていきましょう。

ということで、第二部『バタ足実践講座』をはじめてまいります！

第2部

お教えします！『バタ足実践講座』

絶対的な
安心に触れる。

静寂に気づく

実践をはじめるに当たってひとことだけ。実践のなかでは、〝自分のなか〟や〝自分に〟といった表現が各所に出てきますけれど、これは実践をしやすくするための表現で、実際にそういう「個」があるわけではありません。「事実」は「感覚」だけがそこにポコッと現れます。「感覚」を感じきったときに、それが実感されるでしょう。念のため。

実践1
『三つの鍵』

まず最初はこれです。ノンデュアリティの「静寂」に触れるための実践です。

ここで感じていただく感覚こそが、「じつは何も起きていない」「ただ今のようすがあるだけ」という、すべてを包み込む〝動かざる静寂〟につながる感覚なんです。

ただし、これは大前提として、

一　「事実」が「全体」の分身であること
二　その「事実」に「体」はいつも触れていること
三　そして、その感覚だけが「リアル」なのである

ということが、今はまだ「頭」だけの理解でもいいので、わかっている必要があります。

もし、そこがまださっぱりわからないという方は無理をせず、今はこの実践はスルーして、つぎの実践にすすんでください。

そしてもう一度、前著『バタ足ノンデュアリティ』を読んだり、本書を読み返してみたり、ブログを読んでみたりして、理解がすすんだら挑戦してくださいね。

では、『三つの鍵』についてお話ししていきましょう。

まず、『一つめの鍵』。

それは、**「考え」に振りまわされている自分に気づくことです。**「やだ、私、また考

えに振りまわされてたわ」と。

何か一つ嫌なこと、気になることがあると、私たちはそれについて際限なく「考え」を走らせます。あちこち走りまわり、ときには頭のなかで敵を叩きのめしたり、自分を最悪の状況に追い込んだりします。恨み、後悔、憎しみ、悲しみ、イライラ、鬱《うっ》憤《ぷん》、嫉妬、悪意。たいてい悪いほうに突っ走りますね。

ここで注意していただきたいのが、このように**あふれ出る思考を「止めよう」とするのではないということです。**そんなことをしても徒労に終わります。思考は止まりません。思考を止めたければ、寝ちゃうことです。

私たちにできることは、思考を噴き出すがまんまに放っておく、それらにかまわないということだけなんです。だから、それをすればいい。なかなかできませんけどね。

『一つめの鍵』は、思考を止めたり消そうとしたりすることではなくて、考えにはまっていることにただ気づくだけです。一瞬のことです。とぎれのない思考にシュッとナイフを入れるようなものです。水道の蛇口から流れ出る水を、手で切るようなものです。一瞬でいいんです。

そして、『二つめの鍵』です。

それは、「考え」が走りまわっていることに気づいたら、間髪を入れず、「体の感覚」を見ることです。

この「体の感覚」というものをみなさん、とてもむずかしく考えますね。「体の感覚がいまいちわからない」という方が意外におられるんです。単純なことです。

純粋に「肉体の感覚」を感じることです。

腰が痛い、背中がかゆい、手がしびれる、胃が痛い、頭痛がする、心臓の鼓動が激しくなった、椅子に座っているお尻の感覚、足の裏が地面についている感覚といったものです。

美容室に行ってシャンプーをしてもらっているときに、「かゆいところはありませんか？」と聞かれて、感覚がいまいちわからないっていう人は、いないでしょ？　駅前のスーパーまで自転車に乗って向かっているとき、顔に受ける風の感覚がわからないっていうことはないでしょ？　そういうお話です。

もう一つ、「体の感覚」で、多くのみなさんが勘違いしやすい点があります。それは、胸がむかむかするとかモヤモヤする、胃がキュッとするといったものを「体の感覚」としてとらえてしまうことです。これは、思考や感情がからんだ「心の反応」が現れているだけです。「体の感覚」ではありません。「肉体」では、実際には起きていないことです。そういう〝気がする〟だけです。

もしかしたら医学的には、胃の筋肉が急激なストレスなどでぎゅっと縮まることはあるのかもしれませんけれど、それを直接的に感覚として感じられなければ、それは私たちが「生きているようすを知る」という点からは、「ない」のといっしょです。

いずれにしましても、胸がモヤモヤするといったものは、ここでは扱いません。まちがえやすいところなので注意しましょうね。ここに気を取られるというのは、「思考」

や「感情」に振りまわされるのと同じことになります。それは迷いのなかに入っていくことです。

そうではなくて、純粋に「肉体の感覚」にただ目を向けるだけです。赤ちゃんでもわかる感覚です。赤ちゃんは、おしめが濡れたことを感じますね。それと同じことです。それに「不快」を感じたとき、赤ちゃんは泣きます。その「不快」は、ここで見るべきものではありません。「不快」は「肉体の感覚」ではありません。「思考」がつくったものです。この実践では関係のないものです。ここで見るのは「おしめが濡れたことを感じた純粋な感覚」です。

『二つめの鍵』は、この単純な「肉体の感覚」のことを言っています。

『一つめの鍵』を使って、思考に振りまわされていることに気づいたら、『二つめの鍵』を使って、間髪を入れず、これらの感覚に意識を向けます。ただ感じます。「快・不快」を除いた純粋な「肉体の感覚」を感じます。見つめるとか、観察するとか、そんなたいそうなことではありません。

かゆいならかゆいと感じるだけです。ソファに座っているお尻の感覚を感じるだけです。そのときに胃が痛いなら、胃が痛いと感じるだけ。何も感じないなら、それを認識するだけ。

この『二つめの鍵』が、今この瞬間を味わうことにもなります。ただし、修練みたいになってしまわないようにしてくださいね。疲れちゃいますから。『バタ足』の実践においては、これがとても大事なんです。がんばらないこと。

そして、『三つめの鍵』になります。

例をあげてお話ししましょう。

たとえば、ご主人（奥様）とちょっとした口論になったとします。

『一つめの鍵』で、怒りに振りまわされている自分に気づく。

『二つめの鍵』で、間髪を入れず、「体の感覚」にシフトする。何が感じられますか？

胸がむかむかするとか、カーッとするとかは、「体の感覚」ではありません。それは思考がつくった反応です。何かありますか？

おそらくたいしたものは感じられないはずです。足の裏が床の感触を感じているとか、体重の重みを感じているとか、怒りで拳をギュッと握っていたら、その手の感覚などでしょう。

大事なことは、その感覚だけが「事実」だということなんです。そこに現れている怒りは「事実」ではないんです。ただの「思考」なんです。虚構なんです。「体の感覚」だけが、「事実」であり、それだけが〝今、起きていること〟なんです。

思考のなかでは、怒りの風が吹き荒れ、あなたはまさに吹き飛ばされそうになっています。でも実際に起きていることは、そこに立っている体の重さがあるだけなんです。それを体が足の裏をつうじて教えてくれています。「事実」は、それだけしか起きていないんです。だって、「体のなか」に怒りなんてどこにもないでしょ？　たしかに「思考のなか」には現れています。でも、「思考のなか」だけのことなんです。「事実」は、ほんとにしーんとしているんです。

『三つめの鍵』は、このことに気づくことなんです。

「思考」では何が現れているように見えようと、体が感じている「事実」では「何も起きてない」ということに気づくことなんです。

「全体」の分身である「事実」を一〇〇パーセントまちがいなく受け取っている「体」が「何も起きてないよ」と教えてくれているんです。これほどたしかなことはないでしょう。「体」のなかには、怒りのようなものはどこにもなくて、体重がかかっている足の裏の感覚だけがそこにあるんです。「なーんにも起きていない」んです。これが、まぎれもない「事実」。

もしかして、少し胃が痛いですか？　それなら、それだけが「事実」です。それが起きていることです。「事実」はただ「少し胃が痛い」があるだけなんです。あなたの「頭」は相手の言葉や態度、怒りのせいで胃の痛みが起きていると考えます。けれども、「体」のなかには、そのようなものは存在していません。相手の言葉も態度も、怒りそのものも存在しません。「体」には、理由のくっついていない「少し胃が痛い」以外、何もないんです。そこに気づいてください。

最初のうちはささいなことからやってみてください。たとえば、今お話ししたようなご主人（奥様）とのちょっとした口論とか、嫌な上司に小言を言われているときなどに、怒りに振りまわされている自分にすっと気づく。間髪を入れず「体の感覚」を感じる。体には何も起きていない、つまり「事実」には、怒りなんていうものは存在していないことをたしかめます。

ご主人（奥様）、上司の顔を改めて見てみてください。何も起きていないところで、怒ったり、ぶつぶつ言ってるんですよ？　真っ赤な顔をして怒っていたりするんですよ？　お相手にはたいへん申し訳ないんですけど、そのうちに笑えてきちゃったりしますから。でも、そのときはこらえてくださいね。まずいことになりますから。上司にお叱りを受けているときなどには、かなりまずいことになります。

いずれにしましても、こういうちょっとしたおもしろみを味わっていくと、実践が自然と楽しくなっていきます。そして、この何も起きていない実感がさらに深まっていくと、あらゆるできごとがリアルに〝軽く〟なってくるんです。そりゃあそうですよね。実際には起きていないんだということを実感するんですから。これが『三つの鍵』の実践です。ぜひ、ものにしていただきたい感覚です。

このほかの「事実」のとらえ方として、「見えている」「聞こえている」「におっている」「味がしている」という感覚に意識を向けるというのもお好みでどうぞ。

たとえば、「思考」の上で何が現れていても、「事実」は、今、鮭のおにぎりを食べている味だけがある、その「事実」だけを感じてみるんです。

たとえば、「思考」がいくら騒がしかろうと、耳には、外で遊ぶこどもたちの声が聞こえているという「事実」だけを感じてみるんです。

でも、じゅうぶんに慣れてくるまで最初のうちは、目、耳、鼻、舌の感覚よりも、最初にお話しした「体の感覚」で実践していかれた方が実感しやすいと思います。

何かちょっと嫌なことがあったりしたときにトライしてみてください。

それと、「質問16」（100ページ）でもお話ししましたように、何か気づきのようなものを感じたときにも、ぜひともやってみてください。「あ、私、少しわかったかも」なんていうとき、体のようすを見てみる。すると、たいていは「あらやだ、何も起きてないじゃない」ということになるんです。

このことがきちんと理解されていると、〝見かけだけの軽さ〟や、実感のともなっていない〝気づきらしき〟ものに振りまわされることがなくなるんです。

「五感」に由来する〝実感のともなった気づき〟だけが残るんです。

この「何も起きていない」という感覚こそが、〝消えることのない幸せの源泉〟なんです。どんなことが現れてきてもゆらぐことのない〝絶対的な平安〟につながっていくんです。

「こんなのは真の静寂じゃない」なんて思っていますか？　どうぞご心配なく。この感覚が〝動かざるもの〟とまちがいなくつながっていることがわかってきますから。

そして同時にこれがまた、

「人がいるのではない、私というものはない、誰もいない、ただ感覚だけがある」

という私たち本来のようすを〝ありありと実感する〟ことにつながっていくんです。

実践 2 行動から「目的」をはずしてみる

目的を持つと人は苦しくなります。目的をはずすと人は楽になります。それはその行為自体を楽しむことができるようになるからです。

たとえば、ダイエットのためにウォーキングをしようという場合、「ダイエット」という重い荷物を抱えたままだと、つねに目標との戦いになってしまうんですね。

そうじゃなくて、「ダイエット」をはずしてしまうんです。すると、ウォーキングという「行為」だけが残ります。

瞑想などでもそうです。「無」に向かう（これ、大まちがいですよ）というような目的を持つと、とたんにうまくいかないんです。それに楽しくもなくなるんです。

仕事でもそうです、家事でもそうです。『目的はずし』、ぜひやってみてください。

「何のため」というものがない行為が、パワーがあふれるような〝軽さ〟を生むんです。これが、「全体」と一体になっていることの証しなんです。これが、「静寂」に触れている証しなんです。

〝軽さ〟と同時に、〝しーん〟とした何かが感じられないでしょうか？　ぜひお試しください。

私たちは何一つやっていない。

全自動を実感する

実践3

すべては自動で現れるんだよ

ふと何かをしようと思い立つ。「コーヒーでも飲もうかな」「あいつにメールを書くのを忘れてた」。仕事のアイデアを思いつく。「あのやり方をこっちに応用したらいけるんじゃないか！」「来月のスケジュール立てなくちゃ」などと。

さて、この思いつきは、どこからやってきたのでしょう？　探ってみてください。何かきっかけがあったかもしれません。たまたま目に入った雑誌の表紙で思いついたのかもしれません。友人からのラインの言葉がきっかけで思い浮かんだのかもしれません。散歩中に聞こえた話し声がきっかけとか。居眠りをしていて、はっと起きた瞬間に思いついたとか。

あなたは「いやいや、この考えは自分でひねり出したんです。インターネットで情報をたくさん集めて、それで決めたんです」と言うかもしれません。では、その情報のあるページに飛ぼうと思ったきっかけは何だったでしょう？　さらにその前のきっかけは何だったでしょう？　何か特別なキーワード？　では、そのキーワードが浮かんだきっかけは？

やってみてください。どこまで行っても出どころはつかめないはずですから。

思考は自動で現れるんです。自分がかかわれないことを知ってください。そのことを実感してください。

どれほど重要な、人生を変えるような大きな意思決定にも、自分がかかわっていなかったということを知ってください。

結婚、転職、家の購入、さまざまな意思決定にかかわったと思われるそのときの出来事などをたどってみてください。

あなたが今、そのお仕事をしているのは、どんなきっかけでしたか？

そして、そのきっかけは？　そのまたきっかけは？　とたどってみてください。どんなことがあったでしょうか？

そして、それはどこまでいくでしょうか？

そのときの人との出会い、できごととの出会い、たまたま聞いた先輩からのアドバイス、本屋さんで見つけた本、偶然の電話。

それにともなう自分の行動。それによって現れてくるあらゆる出来事や現象。

自分では何一つコントロールしていなかったことが見えてくるはずです。どうにかできるわけなんてないんです。どうにかできる方がおかしい。

自然現象はどうでしょう？

突然、雨が降ってきたのは？　雲がかたちを変えながら流れていくのは？　森の木が育つのは？　突風が吹いてくるのは？　雷が鳴るのは？　あなたが何かかかわっていますか？

過去への後悔に悩まされている方は、とくにこの実践をくり返しくり返し、腹に落ちるまでやっていただきたいと思います。

実践 4 行動も自動で現れるんだよ

質問11『自分なしで行動が起きているって、どういうこと?』(80ページ)でお話しした「メガネを取る動作を見てみる」を参考に、自分のいろいろな動作を見てみてください。

うまくいくと、自分の考えより前に動作がはじまっていることに気づくことができます。

「ああ、ほんとに自分がやってるんじゃないんだ……」と実感することができます。

これは、ちょっとむずかしいと思いますけど、やるだけやってみてくださいな。もし、かすかにでも感じられたらラッキーです。でも、だめだったら、今はスルーしちゃってくださいまし。ぜんぜんオーケーです。ほかの感覚が目覚めてきたら、感じられるようになるかもしれませんから。

素晴らしき五感ワールド

実践 5 五感のすごさを知ろう

私たちの五感の感覚がいかにすごいか、ちょっと見ていきましょう。

感じた感覚を言葉で表現してみてください。チェロの音を言葉で表現してみてください。できませんよね。でも、体は完璧にとらえています。音は耳だけではなくて、骨の振動からも聞こえます。体全体で受け止めています。それをすべて逃さず、一〇〇パーセントとらえています。

コーヒーの香りを言葉で表現してみてください。ハンバーグの味を言葉で表現してみてください。ワンちゃんや猫ちゃんの背中をなでた感触を言葉で表現してみてください。星の輝きを言葉で表現してみてください。満天の星を言葉で表現してみてください。風を表現してみてください。

できませんよね。たくあんを食べたことのないドイツの人に、味を伝えることなんてできませんよね。

今、あなたの目の前にご家族の誰かがいるとします。その人を私は知りませんし、見えてもいません。そのようすを私に言葉だけでわかるように教えてくださいなんて言われたらたいへんなことになります。まゆげ一つ私に伝えるのに、どれだけの言葉を必要とするでしょう。髪、目、鼻、耳、肌、ほくろ、しわ、あざ、顔だけで辞書何冊分になるのでしょうか。そのほかに背格好や着ている洋服のかたちや素材感だってあります。それを言葉にしようとしたら、いったいどれだけの月日がかかるでしょうか？　何か月？　何年？　それでも、私がわかるようになんて絶対に伝えられません。

でも、それを実際に見たら、「五感」は一瞬で取り込むんです。あっという間に。しかも完璧に、です。

私たちは、いつもこのとてつもない「五感」という怪物に触れて生きているんです。

この〝言葉で表現などできない〟これらの感覚こそがノンデュアリティの感覚なんです。体は、そのすべてを知っているんです。

あなたが大事にしているもの、大好きな何かを言葉に置き換えてみてください。とてもじゃないけど言葉になどできるものじゃないことがわかるでしょう。「五感」は私たちに素晴らしい世界を見せてくれているんです。それを実感してください。

実践 6

百円玉はつねに完璧に現れているよ

百円玉を一つ用意してください。よろしいでしょうか？　お聞きします。百円玉はちゃんと現れていますか？　半分だけ現れているということはありませんか？　よかった、完璧に現れていますね。

では、上を見てください。お部屋のなかなら天井が見えていますね？　外なら空が。地面が見えちゃったりしていませんね？　よかった、上を見たら上のようすが完璧に現れていますね。

また、前の景色が残ってしまって、ごちゃごちゃになったりしていませんね？　よかった、完璧に現れていますね。

誰かに嫌なことを言われたときに、ぜひ試してみてください。嫌なことを言われて、嫌な感情がちゃんと現れるかどうか。とてもハッピーな気分になったりしないかを確認してみてください。ちゃんと嫌な気持ちになったら、それが完璧なかたちで現れたということです。

地下鉄のホームで電車が入ってくるときの音を聞いてください。「ゴォー」って大きな音がちゃんと現れていますね？　小鳥のさえずりになってしまっていませんね？　よかった、完璧に現れていますね。

こんなふうにして、いろいろな場面で、それが完璧に現れていることをご自分の感覚でたしかめてください。完璧な現れって、こんなことなんですよ。でも、これ、すごいことなんです。

これこそが「全体」とぴったり一体になっているっていうことなんです。みなさんが求めてやまない「一つになる」ということなんです。

実践 7

雲はどこにある？

朝起きてから寝るまで、自分が見たり、聞いたり、感じたりするすべてのことが、目・耳・鼻・舌・体の五つの感覚がとらえたものなのだということをたしかめてください。すべてが〝自分のなか〟に現れているものなのだということをたしかめてください。

歩いている。それは体の感覚がそのようにとらえているんです。足の裏が地面を感じているから、歩いているという感覚が〝自分のなか〟に現れているんです。景色が移ろっていくという感覚が〝自分のなか〟に現れているからこそ、前にすすんでいるという感覚が〝自分のなか〟に現れているんです。

言ってしまうと、実際に歩いているかどうかは関係ないんです。〝自分のなか〟にどう現れているかだけなんです。

雨が降っている。それは目によって〝自分のなか〟に映像が現れ、耳によって〝自分のなか〟に音が鳴り、鼻によって雨が降りはじめたときの土やアスファルトのにおいが〝自分のなか〟に現れているんです。

雲はどこにありますか？

雷の音はどこで鳴っていますか？

リビングのテーブルはどこにありますか？

テーブルに触れた感触はどこにありますか？

夕飯のカレーのにおいはどこにありますか？

いつもの白いごはんをよおーく味わってみてください。その味わいはどこにありますか？


何を見ても、聞いても、感じても、それが現れているのは、ぜーんぶ〝自分のなか〟なのだということをたしかめてください。

自分のなかに鏡があるかのように、「五感」が感じとったものが、ただそこに映し出されているということを感じてください。鏡に映ってくるものは、どんどん移ろっていくことを感じてください。

実践
8

「たいへんだ！」はどこに現れている？

「えらいことが起きた！」さあ、それがどこに現れているかを見てみましょう。たいへんだとあわてる。えらいことになったと騒ぐ。どうしよう、どうしようと考える。

これ、どこに現れているでしょう？

ぜんぶ自分の「思考」のなかですね。

「たいへんだ！」という思考が現れている。「えらいことになった！」という思考が現れている。「どうしよう、どうしよう！」という思考が現れている。それだけなんです。おおもとでは何も起きていないことを思い出してください。世界の大事件だって、大問題だって、「思考」のなかだけに現れているんです。

では、ここで一つ試していただきましょう。

自分のなか以外のところに現れているものごとを探してみてください。

地球の反対側の見知らぬ家族のだんらん、ですか？
いえいえ、あなたがそれを思い浮かべた時点で、それはあなたのなかのできことです。

実践 9

床はいつ現れる？

部屋のなかを目をつぶってゆっくり歩いてみてください。危なくないように、一応、手を前に伸ばしてね。ケガなどは自己責任でお願いします。

さて、ゆっくりゆっくり歩くと、一歩ごとに足の裏に床の感触が現れますね。床に足の裏が触れるまで床はなかったんです。でも、床に足がつくと現れる。実際に床があるかどうかは関係ありません。感覚の現れだけに注目してください。

足の裏の気持ちになってやってみてください。

少しすすむと、椅子の背もたれにぶつかりました。その瞬間、椅子が現れたんです。その前には椅子は存在していませんでした。だって、そうですよね、「体」はそこに椅子があるなんて、触れるまで知らないんですから。触れた瞬間にはじめて現れたんです。

モノは、体の感覚によってしか存在することができないんです。つねに体の感覚と「対《つい》」でないと存在ができないんです。それを感じてください。

ちゃんと知るべし。

これが事実なり

実践
10

「事実」は勝手に入ってくるよ

今、聞こえている音に気づきましょう。

たとえば、今の私なら、パソコンのキーをたたく音がパチパチと聞こえます。「ふうー」と息を吐けば、その音が聞こえます。

除湿器のモーター音と、お湯が沸いている音が聞こえます。

椅子から立ち上がる。ギシッという椅子がきしむ音。

キッチンに向かって歩くスリッパの音。

やかんに水を入れる音、ガス台にやかんを置く音、火をつけるカチカチカチカチカチという音。

ただの音たち。すべてが「全体」の分身。それを耳が一〇〇パーセント、逃すことなく完璧にとらえているんです。


大事なのは、私たちが何かをしたからではなくて、自動でそれが入ってきていると

いうことを感じること。そして、それがどんどん移り変わっていくことを感じてください。勝手に入ってきては消えていく、勝手に入ってきては消えていく。これが「事実」です。それをただ感じてください。

実践 11

「事実」は二つ同時に現れないよ

当たり前すぎるほど当たり前のことなんですけど、とっても大事なことなんです。

今、座っていますか？　ならば、この同じ瞬間に立つことはできませんね？　この同じ瞬間に外を歩きまわることもできませんね？　「事実」は二つ同時に現れないんです。

手のひらを見てください。手の甲は見えていませんね？　これが「事実」です。

腕を組んでみてください。この瞬間にバンザイをすることはできませんね？　これが「事実」です。

今、お家にいるのなら、同時に、会社にいることはできませんね？　これが「事実」です。

でも、「思考」は家にいながら、同時に会社にいることができるんです。だからややこしくなるんです。

いろいろな場面でたしかめてみてください。外で信号が赤のとき、青は現れないこと、風が強いとき「無風」は現れないこと、前を見ているとき、うしろは現れないこと。

その瞬間に、二つは現れない。
一つだけなんです。
そして、私たちはそれを選ぶことができないんです。その「一つ」がいつも自動で現れてくるんです。

これを腹から知ることで、「今じゃない別の場所に行きたい」という「思考」がおとなしくなってくるんです。

念のために補足しておきますと、たとえば、その瞬間の「体の感覚」を見たときに、椅子にすわっているお尻の感覚と、軽い頭痛と、冷蔵庫のモーター音が聞こえるという事実が同時に現れていると思う方もいらっしゃるかもしれません。

この実践は、感覚が発生している別々の部位や、感覚自体の種類の違いのお話ではないんです。

軽い頭痛を感じているその同じ瞬間に、「頭痛がない」は現れないということ、冷蔵庫のモーター音が聞こえているその瞬間に、「モーター音が聞こえていない」は現れない、そういうお話です。

実践 12

今この瞬間しかないよ

今この瞬間しかないということを実感していただく、とっても簡単な実践です。「今」の一瞬前はもう消えている、「今」の一瞬先は何も現れていないということを感じていただきます。

それでは、やっていきましょう。

右手をあげてください。あげましたか？　実際にあげないといけませんよ。今、右手があがっていますね？

では、質問です。

ほんの数秒前の、右手のあがっていないあなたはどこにいるでしょうか？　右手のあがっていない状態はどこにあるでしょうか？

ありませんね。このことを実際に確認してください。「たしかに、ない」と。これをいろいろなことに応用してやってみてください。道を歩いていたとします。一〇秒前にあそこにいたあなたはどこにいるでしょうか？　どこにもいませんね。過ぎた瞬間は、きれいさっぱり消えているんです。あとかたもなく消えているんです。みごとなほどに。どこにもありません。今、そこに立っているその「事実」しかないんです。あらゆることが、このように現れては消えていきます。これが「事実」です。それを感じてください。感じるだけでオーケーです。

実践 13

もっとすごい「事実」があるんだよ

空を見上げてみてください。「ああ、空ね」と思いますよね。でも、じつは「空」っていう言葉が頭に浮かぶ前の、映像だけが見えている一瞬があるんです。名前も何も浮かばない瞬間です。

モノに触れたとき、そのものの名前が浮かばない一瞬。たとえば、椅子に座った瞬間、「これは椅子である」ということが思い浮かばない一瞬。

質問44（177ページ）でお話しした、玄関のドアを開けたら強い雨の「ザーッ」

という音が耳に入ってきたとき、その「ザーッ」だけがあって、「雨」が思い浮かばない一瞬。

言ってみれば、これが〝本物〟の「事実」なんです。ふだん、私たちはこれに気づくことはありません。でも、「体の感覚」は、毎瞬毎瞬これを感じ取っているんです。

ちょっとむずかしいと思いますけど、ご自分で工夫してやってみてください。もし感じられたら、楽しいですよ。

暴走列車を
ストップせよ！

突っ走る思考

これからご紹介する四つの実践は、「思考」に気づくためのとても簡単な実践で、『列車シリーズ』という名前がついています。

私たちは、いつも「思考」という特急列車に乗っています。せっかくの美しい景色を見もせず、おいしい名物お弁当も食べずに、ひたすら突っ走っています。ああ、もったいない。

そして、長い長いトンネルのなかへ入っていきます。たどり着くのは真っ暗闇！

どこかで止めなくちゃね。それをできるのは、自分しかいないんです。

あなたは映画の主役に抜擢されました。あなたの役割は、ブレーキが壊れ、猛スピードで暴走する列車をストップさせること！

このままいけばカーブを曲がりきれず、トンネルの入り口に激突することは必至！　たくさんの人の命がかかっている、あなたの家族もいる。なんとしてでも止めなければならないのだ！　誰の力も借りることなどできない。さあ、どうする！

暴走列車、四連発です。では、どうぞ！

あ、一つ言い忘れました。この四つの実践は、「自分を笑い飛ばしちゃいましょう！」

という意味合いのものです。遊び感覚でやってください。くれぐれも疲れてしまうような取り組みにはしないでください。力を抜いて。
それでは、改めまして、どうぞ！

実践
14

過去と未来ばっかり駅発、不安・後悔駅行き、特急『しこう』

これは、実践1の『三つの鍵』の一つめの鍵だけを独立させたものです。考えっぱなしの頭を少し冷やしてやります。いつも考えている人は、いつも未来と過去をさまよっています。いつも想像をめぐらせています。「ああなのではないだろうか、こうなのではないだろうか、ああした方がよかったのではないか、なんであんなことをしちゃったんだろう」と。こうしてよけいな心配ごとを増やしていくんです。考えごとは、明るい方向にはいかないものなんです。

やることはシンプル。

「あらやだ、私、また考えてたわ」と気づく。それだけ。

想像するのをやめようとか、考えるのをやめようとか、そういうふうにはしないでください。ただ気づくだけです。

もしこれが習慣にでもなってきたら最高です。楽しい感覚に出会うことになるでしょう。そのうち、二つめの鍵、三つめの鍵と自然に流れていくようになっていくでしょう。お試しください、実践、特急『しこう』。

実践15 考えつづけ駅発、もうだめだ駅行き、特急『しんこく』

私たちは、つぎつぎに現れてくるいろいろなものごとを、つい深刻にとらえてしまいます。ただ思考の上に現れているだけのことなのに。

私がどれだけ「それはただの思考なんですよ」と言っても、多くのみなさんはそんなことでへこたれたりはしません。深刻になることに強い信念を持ち、ゆるがない信条としているのです。「赤の他人に言われたぐらいで、私の深刻思考を変えるなどあり得ない！」と叫びながら、特急『しんこく』のアクセルを全開にして突っ走っていくんです。それにブレーキをかけてやろうという実践です。やることは簡単。

「あらやだ、私、また深刻になってたわ」と気づく。それだけ。

気づいてみるとわかることがたくさんあります。笑ってしまうようなことも出てきます。「なんでそんなに深刻になっていたのかしら」なんて。

これも、気づくだけでオーケーです。「深刻になるのをやめよう」とか「深刻になる必要なんてないんだ」などと「考え」でどうにかしようとしないでください。ただ気づくだけ。「あらやだ」と。お試しください、実践、特急『しんこく』。

実践16 思い込み駅発、みんなが不幸駅行き、特急『よしあし』

私たちは、いつも「よしあし」の判断をしています。人に対して、自分に対して。そして、イライラしたり、嫉妬したり、悲しんだり、怒ったりしています。判断は自分だけでなく、まわりの人も苦しめます。あれはだめ、これはだめって。

でも、その判断基準をよおーく見たら、どうでもいいようなつまらないものだったりするんですね。

小さいころに教えられた時代おくれの価値基準。自分の勝手な思い込み。自分の家の常識。育った地域の習慣。いずれにしても、どうにも当てにならないような基準ばっかりなんです。玄関のくつは外に向いてそろっていなければならない、洗濯物のたたみ方はこれこれこうでなくてはいけない、ビールはいつもキンキンに冷えてなければいけない、部下は上司を敬うべきである。

あなたは、「これが正しいのだ」と信じていることがたくさんありますよね。それに反する行動をした人にイラついたりするわけです。そんなイラつきが現れたときに気づく実践です。

やることは簡単。

「おいおい、俺、また判断してんじゃん」と気づく。それだけ。

これも、捨てようとしたり、無理に考え方を直そうとするのではありませんからね。ただ気づくこと、「なんていうことだ、俺はこんなくだらないことを判断基準にしてたんだ！」と気づけばそれでオーケーです。自分を笑ってあげてください。あとは自分のなかに現れてくることにしたがっていってください。お試しください、実践、特急『よしあし』。

実践
17

今が嫌だ駅発、終わらぬ探求駅行き、特急『かえたい』

私たちは、いつもいつも「今の状況」に不満を持っています。「これじゃ嫌！」「もっと違う自分になりたい」と、つねに「今じゃない素敵なところ」を探しまわっています。何がなんでも、今のままじゃだめなんです。

みなさんはこう言います。「いえいえ、そんなにすごいことを望んでいるわけじゃないんです。せめてこれだけ」って言うんです。でもね、「せめてこれだけ」は、一生つづくということに気づいていないんです。こうして私たちは、もっと違う自分を探して終点のない旅をつづけていくんです。

ブレーキのかけ方は、ほかの列車といっしょです。

「なんだよ、俺、また変えたがってたわ」と気づく。それだけ。

これもなくそうとか、消そうとかしないでください。わき出るがまんまでいいんです。噴き出すがまんまでいいんです。そして、現れてくることにゆったりまかせていく。お試しください、実践、特急『かえたい』。

＊　＊　＊

さあ、これですべてのQ＆Aと実践が終わりました。

いかがでしたでしょうか。あなたの聞きたかったこと、知りたかったことはありましたか？　あなたのなかにあった疑問は解決しましたか？

実践において、何か感じるものはありましたでしょうか？　暴走する列車を一瞬でも止めることはできましたか？

これらの実践で得た感覚が、あなたをしかるべき場所に導いていくでしょう。それもすべて自動で起きていきます。あなたは、ただそれに従っていけばいいんです。

ふわり、ふわりと――。

あとがき

ノンデュアリティは、じつはとってもあたたかいんです。

最初は、とっつきにくくて、冷たいようにも見えます。一般常識から離れたようなことを平気で言います。ときに、むずかしい言葉やわけのわからない言葉を並べ立てて、近づく者を煙に巻こうとします。わざと遠ざけようとしているようにさえ見えます。火のようなものでもあるため、つきあい方には注意が必要という面もあります。

でも、ちょっとつきあってみて、ぼんやりと浮かびあがってくるその本来のようすは、じつはとってもやさしいんです。親しくなればなるほど、そのあたたかさがわかってきます。気がつくといつもそばにいます。一瞬たりとも離れたりはしません。よく知るほどにやさしいんです。

そして、このノンデュアリティの一番のなかよしが、じつは、「条件なしの幸せ」なんです。縛られない「自由」なんです。あなたにもぜひ、なかよくなっていただきたい。

そのために必要なことが、一見、関係ないように見える「感覚を大事にする」ことなんです。『バタ足』なんです。

「頭」は、いつも迷いのなか。「感覚」には、いっさいの迷いがありません。

「感覚」だけを見てください、「事実」だけを見てください。それをゲームのように楽しんでください。

このゲームは、いかに「頭を使わないか」に勝負のゆくえがかかっています。考えれば考えるほど苦戦を強いられます。

〝考えない者ン勝ち〟のゲームなんです。

そして、このゲームは日常生活とかけ離れたものなどではなくて、日常生活に溶け込んだものなんです。

この本をつうじて、「ノンデュアリティって、こんなに身近なことだったんだ」と知っていただき、そして、「なんか、ノンデュアリティって、あったかいね」なんて感じていただけたら幸いです。

金森　将

著者紹介

金森 将（かなもり・しょう）

東京都練馬区出身。30歳を過ぎて願望実現にはまり、40歳を過ぎてケーキ店を持つ。50歳を過ぎて生き方に行き詰まり、あらゆる願望を投げ捨てたある日起きた突然の空白。波のように押し寄せる“気づき”の中身を綴ったブログが人気となる。その後、ノンデュアリティをわかりやすくひも解くウェブ上の幼稚園『ノンデュアリティかなもり幼稚園』を設立。園長としてその活動の場を広げている。愛妻家。元サーファー。著書『バタ足ノンデュアリティ』『ノンデュアリティって、「心」のお話じゃないんですよ！』『くり返し触れたい《バタ足》メッセージ373選』『ただそうあるだけ“彼”が教えてくれたこと』（以上、ナチュラルスピリット）。

ウェブサイト
『ノンデュアリティかなもり幼稚園』
https://kanasho.amebaownd.com/

バタ足ノンデュアリティ2

ノンデュアリティって、「心」のお話じゃないんですよ！
Q＆A＋実践講座

●

2020年11月17日 初版発行
2024年11月30日 第3刷発行

著者／金森 将

装幀・本文デザイン・DTP／Dogs Inc.
編集／西島 恵

発行者／今井博揮
発行所／株式会社 ナチュラルスピリット
〒101-0051 東京都千代田区神田神保町3-2 高橋ビル2階
TEL 03-6450-5938 FAX 03-6450-5978
info@naturalspirit.co.jp
https://www.naturalspirit.co.jp/

印刷所／モリモト印刷株式会社

©Sho Kanamori 2020 Printed in Japan
ISBN978-4-86451-350-0 C0010
落丁・乱丁の場合はお取り替えいたします。
定価はカバーに表示してあります。

●新しい時代の意識をひらく、ナチュラルスピリットの本

バタ足ノンデュアリティ

ノンデュアリティって、
徹底、日常生活のことなんですよ！

金森 将 著

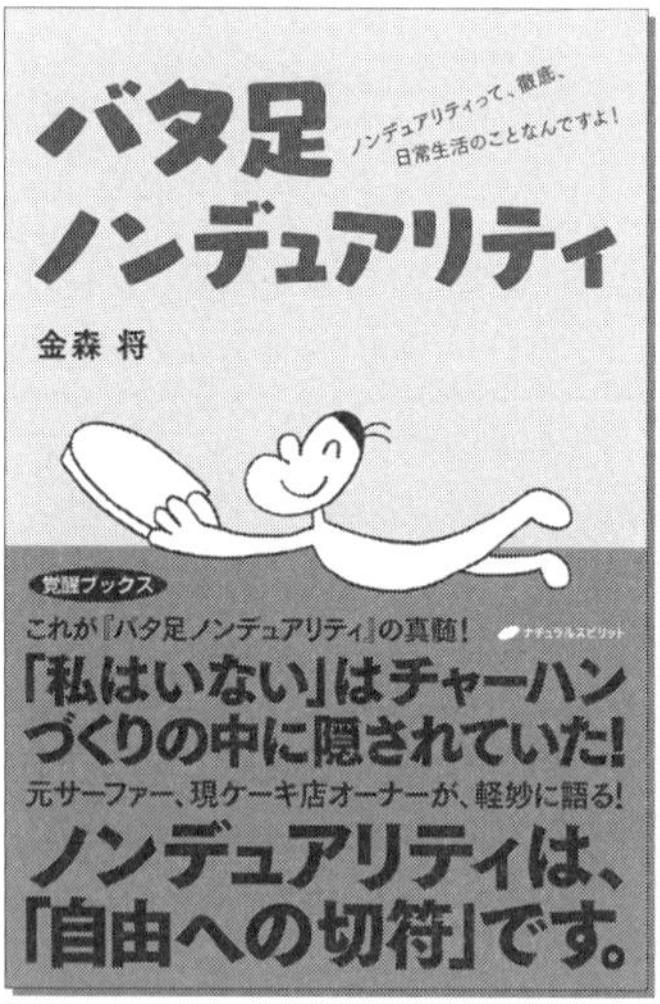

「私はいない」はチャーハンづくりの中に隠されていた！
元サーファー、現ケーキ店オーナーが、軽妙に語る！
ノンデュアリティは、「自由への切符」です。

私はひたすら抵抗し、悶々と苦しむ。そんな年月をどれだけ過ごしてきたでしょうか。そんな中で、ある日、瞑想と出会い、およそ五年のあいだに二度の一瞥体験をしました。涙があふれるような素晴らしい体験でした。けれど、それで何かが変わることはありませんでした。私は、何か糸が切れたように、それから半年ほどいっさいの学びから離れました。瞑想もやめました。そんなある日、私は、それまでに二度体験した一瞥とはまったく違う体験をしました。（本文より）

四六判並製／定価＝本体 1500 円＋税

お近くの書店、インターネット書店、および小社でお求めになれます。